当代二语教学与研究译丛

CAMBRIDGE

本课题为北京语言大学校级科研项目（中央高校基本科研业务专项资金资助），项目编号为17WT04。

Reflective Teaching in Second Language Classrooms

第二语言课堂的反思性教学

[美] 杰克·克罗夫特·理查兹（Jack C. Richards）
查尔斯·洛克哈特（Charles Lockhart） 著

王添淼 译

北京语言大学出版社
BEIJING LANGUAGE AND CULTURE UNIVERSITY PRESS

社图号 17063

图书在版编目（CIP）数据

第二语言课堂的反思性教学 /（美）杰克·克罗夫特·理查兹（Jack C. Richards），（美）查尔斯·洛克哈特（Charles Lockhart）著；王添淼译. -- 北京：北京语言大学出版社，2017.3
ISBN 978-7-5619-4887-3

Ⅰ. ①第… Ⅱ. ①杰… ②查… ③王… Ⅲ. ①第二语言-语言教学-课堂教学-教学研究 Ⅳ. ① H09

中国版本图书馆 CIP 数据核字 (2017) 第 068290 号

第二语言课堂的反思性教学
DI-ER YUYAN KETANG DE FANSIXING JIAOXUE

中文编辑： 李 炜 解 竹　**英文编辑：** 孙玉婷 侯晓娟　**责任印制：** 包 朗

出版发行： 北京语言大学出版社
社　　址： 北京市海淀区学院路 15 号，100083
网　　址： www.blcup.com
电子信箱： service@blcup.com
电　　话： 编辑部 8610-82300207
国内发行 8610-82303650/3591/3648
海外发行 8610-82303365/3080/3668
北语书店 8610-82303653
网购咨询 8610-82303908
排版制作： 北京创艺涵文化发展有限公司
印　　刷： 保定市中画美凯印刷有限公司

版　　次： 2017 年 3 月第 1 版　**印　　次：** 2017 年 3 月第 1 次印刷
开　　本： 787 毫米 × 1092 毫米 1/16　**印　　张：** 12
字　　数： 295 千字　**定　　价：** 46.00 元

PRINTED IN CHINA

目　　录

① 为方便阅读与检索，本书将每章后附录的详细清单在目录中列出。

前　　言

近年来第二语言教学的趋势是从“教学法”以及其他“外部的”“由上及下的”教学观向一种试图理解教学本质的教学方法的转变。这种教学方法常从教师自身及实际教学过程出发，通过探究教师的行为和目的，试图更加深入地理解教学过程，从而建立一个“内部的”“自下而上的”教学观。此种教学法由教师发起并进行指导，需要教师进行自我观察、收集关于课堂以及教师在课堂中角色的资料，并用分析出的数据进行自评，做出改进，推动专业发展。

我和 Charles Lockhart 在本书中对应用于第二语言课堂的“反思性教学法”进行了详尽的探讨。反思性教学与批判性自我反思相辅相成，是课堂决策、教学计划和课堂行为的基础。本书着重介绍了教师与学习者信念、教师决策以及教师与学习者的角色本质。此外，还结合相关理论和研究，介绍了每部分内容的重要性，并提供了一系列教师可用于第二语言课堂教学的探索型任务和活动，如撰写教学日志（journal writing）、同事课堂观摩（peer observation）和行动研究（action research）。每一章的内容都旨在提高教师自我反思、自我探究和自我评估的能力，并使之成为促进教师专业发展的有效手段。

Jack C. Richards

内容提要

《第二语言课堂的反思性教学》是面向第二语言职前教师和在职教师的教育课程，从课堂观察、教学理论、语言教学方法与思路等方面培训教师。教师可在此书基础上开展个人或集体专业发展活动，如同事课堂观摩、自我评价、教学项目评价以及行动研究。

本书每一章都涉及影响语言教学的一个重要因素，提出了一些构成多种课堂观察、调查和批判性反思（critical reflection）的基础。本书所推荐的小规模调查类任务可供在职教师和职前教师用于多种模式的课堂教学。

本书第一章探讨课堂教学的研究方法，包括撰写教学日志、课程教学报告、问卷调查、课堂教学录音或录像、课堂观察和行动研究。第二章主要分析教师的教学理念与信念对课堂教学产生的影响。第三章讨论学习者信念、目标、态度及其对学习者学习方式和策略的影响。第四章讨论教学背后的思维过程以及三个方面的决策：计划性决策、互动性决策和评估性决策。第五章考察教师在教育机构和自身课堂中的角色，以及这些角色带来的责任和对教师教学风格的影响。第六章探讨教学活动的结构以及不同的结构安排如何影响一节课的连贯性与活力。第七章着重探讨课堂互动的本质、第二语言课堂的典型互动模式以及教师如何对这些模式产生影响。第八章考察教师用以实现课堂教学目标的活动，以及在活动的计划和操作过程中需要考虑的问题。第九章从语言学层面探讨课堂互动，关注了课堂用语与语言习得之间的关系。

读者必须先阅读第一章，因为第一章详细阐述的反思性教学过程将会贯穿本书始终，其余各章都是独立成章，分别对影响教学的重要因素进行讨论，读者可根据对象是职前教师还是在职教师灵活使用。每章我们都提出了一些问题，以激发读者对所探讨话题的进一步思考。对于这些问题，我们尽可能同时考虑到职前教育和在职教育两种情况。每章最后都为读者提供了多项后续活动建议，如撰写教学日志、同事课堂观摩、课堂调查、行动研究案例。另外，本书引用了大量学生、教师的观点及课堂记录的实例来阐述问题。没有标明出处的案例是参加讲座和研讨会的教师提供的。

编纂此书的目的是为教师职前和在职教育中的语言教学课程提供材料和活动，我们在美国、巴西、日本等多个国家和中国香港地区教授过此类课程。在此感谢课程参与者的支持。特别鸣谢香港城市大学的学生们，感谢他们实践了本书所提供的多种课堂活动，并允许我们观摩他们的课堂，与他们共同探讨教学。

Jack C. Richards

Charles Lockhart

导论：通过研究课堂教学促进教师发展

一、对教学提出问题

本书探讨了第二语言课堂教学的本质，并为职前教师和在职教师介绍了研究教学的方法。反思性教学指的是在职教师、职前教师收集有关教学资料、反思自身教学态度、信念、设想及教学实践，从而对教学进行批判性反思（critical reflection）。批判性反思需要问及如下问题，这些问题也是本书各章讨论的重点：

- 如何收集我自己的教学信息？（第一章）
- 我的教与学的信念是什么？对我的教学有什么影响？（第二章）
- 我为什么会有这样的信念？（第二章）
- 我是一名什么样的教师？（第二章）
- 我的学生的教与学的信念是什么？（第三章）
- 学生的信念对他们的学习方法有什么影响？（第三章）
- 我的学生偏爱哪些学习风格和策略？（第三章）
- 我运用哪种课堂教学决策？（第四章）
- 在教学过程中我有哪些临场决策？（第四章）
- 我有哪些评估自身教学的标准？（第四章）
- 作为一名教师，我如何界定自己的角色？（第五章）
- 这一角色定位对我的教学风格有什么影响？（第五章）
- 我的学生是如何界定我作为教师的角色的？（第五章）
- 我的课堂形式或结构是什么样的？（第六章）
- 如何让学生了解教学目标？（第六章）
- 在课堂教学中，我是如何有效地利用学习机会的？（第六章）
- 我的课堂中有哪些类型的互动（interaction）？（第七章）
- 我的学生喜欢哪种课堂互动方式（interactional styles）？（第七章）
- 我一般采用什么样的分组安排（grouping arrangements）？效果如何？（第七章）
- 我采用什么样的课堂活动？（第八章）

- 这些课堂活动的目的是什么？（第八章）
- 我授课时有哪些语言使用模式？（第九章）
- 为了便于教与学，我如何改进课堂语言？（第九章）
- 在我的课堂中，学生有哪些机会进行真实语境下的语言练习？（第九章）

教师回答以上这些问题是对自己教学的一种评估活动，发现需要改进之处，确定改进教学的策略，并检测这些策略的效果。

在描述教学中遇到的困境时，教师们常常提出上述这些问题。在讨论这类问题时，教师们指出，传统的教师专业发展途径很难真正帮助他们找到一个确切的答案来解决这些问题。旨在提升教师教学技能的工作坊效果维持的时间较短，难以帮助教师在长期的教学过程中分析和评估自己的教学。

为了回答这里所列的问题，教师需要客观地看待教学，并进行批判性的反思。探索教学过程中得到的信息在很多方面都有帮助：它能帮助教师更透彻地认识自己对教学的理解和自己的教学实践；它能丰富教学的内涵，帮助教师更好地理解教与学的过程；它还可以用来作为自我评估的基础，因此是教师专业发展中的重要部分。

思考与讨论

1. 你对本节中所列的哪个问题最感兴趣？
2. 你认为还有哪些教学问题是重要的？
3. 和同事一起讨论你们的答案。

二、本书的设想

本书为在职教师和职前教师展示了一系列具有不同侧重点的第二语言或者说外语的教学活动。由于教师不同的教学情境（例如有的教初级水平学习者，有的教高级水平学习者）、不同的教学内容（例如有的教阅读课，有的教口语课）、不同的教学方法和途径、不同的教学经验和技巧（有的可能在实习，有的可能是经验丰富的教师），本书所探讨的一系列问题并不只涉及某一种特定的教学方法或教学理念。本书也并非直接告诉教师什么样的教学是有效的，而是旨在培养教师可以用于各种教学方法和途径的批判性反思方法。

本书所介绍的探寻教学的方法以下列有关教师发展本质的设想为基础：

第一，一个学识渊博的教师在教学方面应具有丰富的知识储备。教学是一个复杂的多维度活动。一个具有丰富知识储备、对教学内容和维度有深刻认识的教师才能更好地在教学过程中做出正确的判断与决策。

第二，教师通过自我探究（self-inquiry）可以获得更多有关教与学的知识。就大多数教师而言，督导人员到课堂上观课是他们得到教学反馈（feedback）的最主要途径。虽然督导人员或者其他观摩者的评价对教师的教学是很有价值的信息，但只有教师本人才能最好地检测自己的教学情况。本书并不仅仅停留在用专家的意见、理论或是外部知识推动教师的改变或专业发展，书中的方法还包括教师自己或与同事一起收集他们的教学信息，在需要之时发挥主动性，选择并实施教学策略。

第三，教师在教学中会遇到很多未知的突发事件。一般情况下，教师很少能够清楚地意识到自己正在进行何种教学，也不清楚应该如何应对教学中难以预测的事件。这体现在下面教师看完自己课程的录像后所做的评述之中：

- 我没有注意到上课时是我一直在说话，竟然没有给学生练习的机会。
- 我的课堂节奏很糟糕！我没有给学生足够的时间做完第一个练习，就开始下一个练习了。
- 我让学生分组练习时做得很不好。学生们都不清楚他们应该要做些什么。
- 我好像只关注到了班上一半的学生。

在课堂上会有很多事情同时发生，因此有时候对于教师来说，很难意识到课堂上发生了什么以及为什么发生。本书设计的活动是为了通过采集和分析教学各个维度的数据来帮助教师更加清楚地教学。

第四，只有作为教师发展基础的经验是不够的。虽然经验是教师专业发展的关键性因素，但只凭经验作为教师专业发展的基础是不够的。教学的许多问题日复一日重现，教师在教学中就形成了一套自己用以解决这些反复出现的教学问题的规则和策略。然而，研究表明，对于大部分有经验的教师来说，基本上所有的课堂规则和策略都已经变成了会自动运用的条件反射，而缺少大量的清醒的认识和自我反思（Parker，1984）。经验只是教师专业发展的起点，为了使经验在教师发展中起到更大的作用，教师有必要对此类经验进行系统的检验。因此我们在第一章对进行检验所需要的具体步骤进行了介绍。

第五，批判性反思可以激发教师对教学更加深入的理解。批判性反思包括检验教学经验并以此作为评估、决策和改进的依据（Bartlett，1990；Wallace，1991）。它包括如下问题的提出：这是怎么样的一件事，为什么事情是这样，它们代表了什么样的价值观念，有何种可行的备选方案，如果用同样的方式做两件相对立的事情会有哪些局限。

教师如果能够更好地了解教学的本质，就可以评估出自己所处的专业发展阶段，并判断自己的教学哪些方面需要做出改进。此外，当批判性反思被看作一个持续进行的教学中的常态部分，教师就可以更加自信地尝试不同的教学模式并对自己的教学效果进行评估。

以上设想反映出，当教师对课堂上发生的事情积极地进行反思时，他们就能够察觉到自己的教和学生的学之间是否存在差距。这种反思过程是一种特殊的研究类型，Cross（1988）对此进行了界定：

> 这是一项由教师进行的自己的教学给学生所带来影响的研究。因为自己的课堂适用于教师自己制定的规则，所以课堂研究的基本前提就是教师应该把课堂视为研究学生学习过程的实验室。教师还应该成为一个观摩者，熟练且系统地观察学生在课堂上是如何学习的。
>
> （Cross，1988：3）

本书的主题就是由系统地探究课堂教学过程构成的。

思考与讨论

1. 讨论本节中关于教师发展本质的五个设想。你同意这些观点吗？你对教师发展过程有什么样的设想？作为一名教师，哪些因素影响到了你的发展，或者有可能影响你未来的发展？

2. 如果你已经开始教学，你是否意识到自己在教学过程中或者教学方法上的改变？这些改变可能关乎你对自己的认知，你对待学生的方式，以及你的教学方法和技巧。你为什么要做这些改变？它们是如何产生的？

第一章　课堂教学研究方法

本书贯穿始终的假设是：所有的课堂上、教室中都会出现一些突发事件，教师可以通过这些突发事件加深对教学的理解。有些时候，如果教师没有对这些事件进行深入的思考，而将其他事件放在了优先位置，就可能导致一系列的不良反应。如果教师能够捕捉到这些有关事件的想法和反应，并进行更深入的思考，这将形成教师批判性反思的基础。以此为基础，教师可以根据自身需要探寻应对课堂变化和干扰的策略。本章主要探讨的是几种易于操作的课堂教学研究方法，每种方法都各有利弊，有的方法在探讨教学的某些环节的某些方面时比其他方法更为有用。读者可以根据需要决定哪些方法适用、适用于什么情况。

常见的课堂教学研究方法包括以下几种：

- **教学日志（teaching journal）**。对课堂教学情况的书面或录音记录。
- **课程教学报告（lesson report）**。描述课程主要特点的书面记录。
- **调查和问卷（surveys and questionnaires）**。发放问卷或者进行调查之类的活动，目的是收集有关教或学的某个具体方面的信息。
- **课堂录音或录像（audio and video recordings）**。记录一节课或者一节课的某一部分。
- **课堂观察（observation）**。实习教师观摩指导教师的授课或同事观课（即一位教师观摩其同事的授课）。
- **行动研究（action research）**。实施某项旨在给教师的授课带来变化的行动计划，并对其实施效果进行后续观察。

第一节　教学日志

教学日志是在职教师或职前教师对于教学事件的书面反馈。撰写教学日志有两个目的：

（1）记录课堂事件和想法，以备后续反思；

（2）记录过程可以激发对教学的感悟，从这个意义上说记录本身也是一个探索的过程。

很多源于课堂经历的不同话题可以通过撰写教学日志进行探索，例如：教师个人对于课堂或校内一些事件的不同反应；对教学中出现的问题进行观察和质疑；对课堂或者学校事件的重要方面的描述；有待将来分析的想法或者对即将要做的事情的提示。

某些教师更倾向于将教学反思做成音频形式，即“音频日志”，而非书面日志。

有关课堂教学日志撰写（记录）的内容，Bartlett（1990）给出了以下建议：

我们课堂教学中的常规有意识行为；我们与学生的谈话；课堂突发的紧急事件；我们作为教师的个人生活；我们的教学信念；我们认为对我们教学有影响的课外事件；我们关于语言教学和学习的观点等。

（Bartlett，1990：209 ～ 210）

本章的附录 1 为需要反思的问题，可以作为撰写书面日志的重点，在读本书时读者应回顾这些问题。关于如何撰写教学日志，学者们给出了如下步骤：

- 定期撰写日志。比如一周一到两次，或者如果有可能的话，每天一次。教师可以在课后用五到十分钟写下来或者录下来。
- 定期回顾。一些在书写或记录时容易被忽略的事实，以后可能会显现出来。回顾日志的时候，可以问自己一些问题，如：作为老师，我应该做什么？我教学的原则和信念是什么？为什么我要这么教？我的课堂中学生是什么样的角色？我的教学风格需要转变吗？

（Bailey，1990；Porter 等，1990；Walker，1985）

当一个或多个同事分享并定期讨论他们的日志的时候，持续撰写日志更有意义（Brock，Yu & Wong，1992）。本章的附录 2 就是关于三位教师合作撰写教学日志（collaborative journal writing）的案例研究。

下面是某位教师教学日志的部分内容：

今天让学生做了一个有关略读的活动。文章的题目是《学习不容易》，我让学生通篇略读并找出文中提到的社会问题。几分钟后，我检查答案，并让学生标注段落。他们需要找出包含社会问题信息的所有段落，然后我来修正答案，并解释一些难点。然后，我发给他们两张纸，一张纸上有五段话，另一张纸上有五个标题，让学生连线。

- **反思**

时间控制再次成为一个问题。本来我计划核对连线练习的答案，但是没有时间了。

词语讲解部分占用的时间应该减少，因为它不符合本课的主要教学目标——略读。

我应该安排专门的时间进行略读练习。

我应该在刚开始上课时进行有关社会问题的讨论，这样学生就可以将他们的答案与文章中的进行比较。

该教师的教学日志揭示了她如何运用教学日志描述自己怎样展开教学活动，剖析一些教学上存在的问题，并在此基础上对以后的教学提出建议。这也突显了书面教学日志独有的一个功能，即教师可以通过一种其他手段无法实现的方式反思和检查自己的教学。

思考与讨论

1. 你或者你的同事撰写过教学日志吗？撰写过何种类型的日志？写日志的目的是什么？撰写教学日志你有什么收获？

2. 撰写教学日志时，关注哪些问题和疑虑最有用？

3. 你认为谁是你教学日志的最佳读者？这些预设的读者是如何影响你撰写和录制教学日志的？

第二节 课程教学报告

课程教学报告是可以让教师回忆课程、描绘课程主要特点的一个结构清晰、内容详尽的清单或者列表。写课程报告是为了给教师提供一个快速简单的定期监督课程的方式，回顾每节课讲了什么，每节课的每个模块花了多长时间，课程的教学效果如何等。与课程计划描述教师在课上打算如何做不同，课程报告从教师的角度描述课上真实发生的一切。

虽然课程报告不是对课程完整准确的记录，但它通常是对课程很多重要特点的一个有效记录，可以监督教师教学。在英语作为第二语言（English as a Second Language，以下简称“ESL”）教学的领域，已经出版了很多课程报告模板（Pak，1986）。

为了提高效率，教师或者教师小组可以根据自身课程的教学目标和教学内容选择适合的课程报告模板。准备自用的模板时，可以参考下列步骤：

（1）尽可能详细地确定课程原则，确定不同类型的教学活动、步骤和预计在课上使用的教学资源。例如，教语法课的教师会首先确定他们的语法教学方法，厘清课程目标，确定课堂活动类型、活动步骤和所需教学资源。

（2）准备课程报告模板。例如，（1）中提到的教语法课的教师可以准备一个清单，清单上列着本课语法讲解和练习的方式。清单应该先实施小范围测试，然后进一步改进（见附录3的模板样例）。

（3）定期使用课程报告表记录课堂活动、步骤和教学材料。

（4）与其他教授同样课程的教师定期回顾、比较各自的课程报告。在回顾和比较中，讨论课堂教学的不同之处和存在不同的原因。如有必要，重新考虑并改变教学策略及所使用的教学材料。教师也可以利用自己的课程报告表监督教学，收集能够提高教学质量的重要信息，为下次教授同一课程提供便利。

教师完成课程报告还有一个简单的方法——回答式，即课后用几分钟时间思考以下这些问题：

- 本课的主要教学目标是什么？
- 学习者在这一课实际学到了什么？
- 本课的教学步骤是什么？
- 我遇到了哪些问题，如何处理的这些问题？
- 哪部分教学效果最好？
- 哪部分教学效果最差？
- 如果再教一遍，我会不会做什么改变？

思考与讨论

1. 你认为课程报告应该包括哪些信息？
2. 你觉得清单式和回答式的课程报告各有哪些优缺点？

第三节　调查与问卷

教与学的某些方面可以通过发放问卷或开展调查活动进行探究。例如，教师可能希望调查学生对小组作业的态度，于是在全班组织一次问卷调查，询问学生小组活动的有效程度、他们能从中学到什么以及小组作业最适用于哪些内容或技能。调查和问卷是收集信念、态度、动机和偏好等教与学情感方面信息的十分有效的方式。教师可以通过调查活动和发放问卷快速地收集到大量的信息。本章附录 4 的问卷是关于学习者对于不同学习活动的偏好。本书接下来的章节会给出其他类别的调查活动和问卷的例子。

思考与讨论

1. 问卷可以对教与学的哪些方面进行更有效的研究？
2. 如何利用问题 1 中获得的信息？谁可以利用这些信息？

第四节　课堂录音或录像

前面提到的这些课堂研究方法的优点是比较容易实施。但是，它们共同的缺点是体现的是对教学的主观印象，而且从本质上来说，这些方法收集到的只是事件的重现和说明，并不是事件本身。所以，其他方法也是必要的。最完整的课堂记录是使用录音机或摄像机的记录。在教室特定的、适宜的位置放一台录音机或者摄像机，课堂上发生的大部分情景都可以记录下来。

课堂录音或录像的一个优点就是可以选一个焦点——可以是教师（如果教师佩戴了麦克风），也可以是一群特定的学生（如果录音机或摄像机放得离他们比较近的话）。另一个优点是可以反复播放，进行观课分析，能够捕捉到很多其他方式难以注意到的细节，例如教师或学生在课堂上使用的真实语言等。Schratz（1992）对此评价道：

> 视听记录是教师发展自我反思能力的强有力的工具，它们能够如镜子般地向教师客观反映课堂所发生的事情。而且，在后续的应用中，课堂录音或录像能够有价值地反映出教师逐年增长的课堂实践经验。
>
> （Schratz，1992：89）

然而，课堂录音或录像也有不足之处。例如记录工具的出现对课堂有干扰；记录工具经常有空间限制（例如只能拍到前排的学生）；重放录音或录像很耗时间。Schratz（1992）指出：

> 讲座录音或录像设备的安装调试以及各种层次的分析说明会消耗很多时间。因此，这类活动不会成为日常活动，只适用于特殊场合。
>
> （Schratz，1992：89）

思考与讨论

1. 听一节自己或者其他教师的课堂教学录音，看看是否有什么意料之外的发现？
2. 录像机会对课堂教学动态产生哪些影响？这个问题严重到什么程度？如何将这些影响最小化？
3. 课堂录音能反映出课堂教学的哪些方面？不能反映出哪些方面？

第五节　观课

观课指的是走进教室，观摩课堂教学的各个方面。本书中提到的“观课”指的是一种收集教学信息的方式，而不是评价教学的方式。在很多语言项目中，由于观课和评价是互相关联的，所以教师不愿意进行课堂观察或与之有关的活动。因此，为了使观课成为一个积极的经历，观摩者的功能就要限定在收集信息上，不应参与到教师课程评价中。本书共提到两种观课方式：职前教师观摩合作教师的课和同事观课。本章附录 5 列出了实习教师观课的指导原则，附录 6 列出了同事观课的指导原则。

思考与讨论

1. 观他人的课或者听他人的课，你有什么样的感受？这些经历是积极的还是消极的？为什么？
2. 通过观课可以收集哪些关于教学的有效信息？

第六节　行动研究

本书的行动研究指的是教师引导的课堂调查活动，旨在提高教师对课堂教学和学习的理解，改善课堂实践（Gregory，1988；Kemmis & McTaggart，1988）。典型的行动研究包括教师在自己课堂内的小规模的调查活动，也包括一些反复出现的阶段：**计划、行动、观课、反思。**

例如，某位教师或几位教师行动研究的过程包括：

（1）选出一个问题或重要方面，进行更细节化的研究（如教师对问题的使用）。

（2）选用合适的收集相关信息的步骤（如记录课堂教学）。

（3）收集信息、分析信息，确定哪些改变是必要的。

（4）制订行动计划以改变课堂行为（如制订减少教师回答问题频率的行动计划）。

（5）观察行动计划实施后的教学效果（如通过记录课堂教学过程和分析教师的提问行为反思其重要性）。

（6）如有必要，制订二次行动计划。

以下的案例可以很好地说明这种行动研究的方式：

一位日籍的英语教师希望提高自己在课堂上的英语使用量。首先，他调查了上课时自己使用母语（日语）的量以及使用目的。为此，他研究了两周之内不同时间的课堂教学录音带。第一次听是为了确定英语和日语的使用量。结果英语约占 70%，日语约占 30%。然后他又听了一遍，确定了日语的使用目的。他发现，自己使用日语有两个主要目的：课堂管理和提供反馈。然后，他做出了一个针对以上两个原因的减少日语使用量的计划。他首先参考了一份课堂英语使用指南（Willis，1981），尽可能地让自己熟悉英语在课堂控制和反馈方面的表达。他将一系列的英语表达方式和使用策略写在3英寸×5英寸的卡片上，并将卡片放到自己书桌上醒目的地方。这些卡片不仅提醒他行动的计划，也帮助记忆一些他希望用到的表达方式。每天他都将一张不同的卡片放在最上面。然后，他继续对课堂教学进行录音，几周之后再次分析录音带，他的日语使用量明显减少了很多。

（Richards，1990：131）

虽然行动研究基本上是课堂研究不可缺少的后续部分，但是，因为本书提到的很多课堂活动就其本身而言都是很有益处的，所以不一定非要通过行动研究对其进行改变或改进。行动研究更多的指导原则见附录7。

思考与讨论

1. 你授课或者观课的过程中，哪些问题或主题适合进行行动研究？
2. 为了更深入研究某个问题，你需要收集哪些种类的信息？
3. 请选择一个研究问题，制订一个行动研究计划。

本章所介绍的课堂教学研究方法仅是教师参与“批判反思性教学”或“探究性教学”的部分方法（其他研究方法见Allwright，1988；Allwright & Bailey，1991；Fanselow，1987；Nunan，1989a；Woodward，1991）。这些课堂调查研究方法与其他策略的不同之处在于，可以弥补教师日常教学的不足，而不是给教师增加额外的负担，而且可以让教师自己（而不是其他人）决定他们希望研究的教学方面的问题以及喜欢采用的步骤。

本章思考与讨论

1. 阅读下面五种情况，根据本章所谈的内容，每种情况应采取教学日志、课程教学报告、调查与问卷、录音或录像、观课中哪种方法收集有关教学的信息最为合适？你选的方法优缺点是什么？

（1）你很担心学生对英语和语言学习的态度，尝试推广积极的英语学习态度。你想知道学生持有何种态度，以及他们在语言课程学习过程中是否有所改变。

（2）你很认真地计划你的教学，但不知为什么实际教学与教案总是不符。你总是没有时间完成计划的所有内容。你想找出其中的原因。

（3）你很担心一位从来不坐在前排听课的学生。这个学生看着好像在认真听讲，但很少参与课堂活动。你不清楚为什么，因为班里学生很多，很难监测到每个学生的情况。你想了解该生的学习态度、他的学习方法以及他的课堂学习是否有成效。

（4）你已经当了很多年小学英语教师了，同事都说你形成了一种特殊的“教师英语”。你想知道这是否属实，这种“教师英语”有哪些特点，并确定它是促进教学还是妨碍教学。

（5）你在写作课上实验了一种过程教学法（process approach）（即你鼓励学生遵循“计划—打草稿—检查—修订”等一系列步骤完成写作任务）。你想了解学生是否认为这一方式是有效的，他们在课外是否也用这种方法写作。

2. 问题 1 中的哪些适合进行行动研究？讨论如何开展一项行动研究项目。

附　录

附录 1　撰写教学日志需要反思的问题

与课堂教学相关的问题

一、与教学相关的问题

1. 你准备教什么？
2. 你实现教学目标了吗？
3. 你使用了哪些教学材料？它们的效果怎么样？
4. 你使用了哪些教学手段？
5. 上课时，你是如何分组的？
6. 你的课堂是以教师为主导的吗？
7. 师生是如何互动的？
8. 有什么有意思或者不寻常的事发生吗？
9. 你对课程有什么不满意的地方？
10. 你做了什么不同于平时教学的事情吗？
11. 你有哪些教学决策？
12. 你有没有偏离教学计划（lesson plan）？如果有，为什么？这些改变使教学效果变得更好还是更坏？
13. 该课程最主要的成就是什么？
14. 课程的哪些部分最成功？
15. 课程的哪些部分最不成功？
16. 如果再教一遍，会有所不同吗？
17. 你的教学理念反映在课堂教学中了吗？
18. 关于你的教学，你有什么新的发现吗？
19. 你认为你的教学还可以做哪些改变？

二、与学生相关的问题

1. 今天上课你关注到每一个学生了吗？
2. 课堂上学生都能够积极参与吗？
3. 你如何应对不同学生的需求？
4. 学生觉得教学内容难吗？
5. 你认为学生从课程中真正学到了什么？
6. 他们最喜欢课程的哪个方面？
7. 哪些方面他们评价不高？

语言教师需要自我反思的问题

1. 我的语言教学理念的来源是什么？
2. 我处在职业发展的哪个阶段？
3. 作为语言教师，我应该如何进行专业发展？
4. 我作为语言教师的优势是什么？
5. 现阶段我有哪些局限？
6. 我的教学中有没有自相矛盾的地方？
7. 如何提高我的语言教学水平？
8. 我应该如何帮助学生学习？
9. 语言教学给了我哪些满足感？

附录 2　合作撰写教学日志的案例

反思

这份研究是由三名英语教师共同发起的，旨在记录和反思他们的教学。

实验证明，撰写日志能够揭示深层次的影响教师教学和学生学习的感情因素，所以教师收获很大。撰写日志还有其他的优点，例如可以提供一种提出问题和假设的途径，是反思的工具，而且撰写日志仅需要简单的记录，并不需要依赖课堂观摩者的介入。

在已经出版了的关于第二语言课堂研究的教学日志中，大部分是个人教学日志，但是这些教师认为多人一起撰写日志、一起反思和讨论自己的日志及他人的日志更有帮助。

计划

在一个 10 周的学期中，每位教师打算每周撰写两个班的教学日志。

行动

教学日志内容依据不同的班级有不同的类别，包括商务英语、科技英语和补充英语。在撰写日志时，教师一般会将课堂事件的客观陈述和教师个人的反思相结合，不会把关注点缩小到几个问题上。

为了将合作撰写日志的三位教师的互动效果最大化，日志内容一般会包含书面反馈和集体讨论，从而形成一个三角形程序：每位教师将自己的日志交给其他教师阅读，并对其他教师的日志内容做出简短的评论，然后再开始讨论。讨论内容要录音并做出文本。

观察

学期末，教师对教学日志、书面评论和讨论文本进行分析，确定这三者互相影响的方式，找出哪种问题出现的频率最高。

通常，书面评论会对日志作者提出很多问题和信息要求。教师也经常利用书面评论提出要求，例如提出将某个议题或问题放到周五下午的讨论中去，或者是整合日志内容中共同关注的问题。

在教学日志、书面评论和每周讨论的互动过程中，产生了另外一个有意思的现象——议题呈现从局部的、微观的层面（真实课堂事件）到一般的宏观层面的发展模式。

反思

这一过程掺杂着矛盾的情感：在某种程度上，撰写日志可以提供卓见，提高认识。但同时，自觉地撰写日志需要教师投入时间和精力，所以在某种程度上是一种负担。

从积极的方面来看，撰写日志使教师能够专注于几个重要问题，过程中提出的议题、问题和担忧可以指导以后的课堂研究。而且，日志可以让教师从局内人视角看待其他教师的经验。

计划

在今后的研究中，教师应该集中研究几个关键性问题，这样，参与者能够有机会深入地研究几个受到普遍关注的问题，而不是同时探究很多问题。最后，需要给教师足够的时间投入日志记录和分享的训练。

〔经许可引自 D. Kember & M. Kelly (1992), *Using Action Research to Improve Teaching*, p. 21, Hong Kong: Hong Kong Polytechnic.〕

附录 3 语法课课程报告模板

1. 今天的课重点是：
   a. 语言细节（如标点和大写）
   b. 语法规则（如主谓一致原则、代词用法）
   c. 语法的交际性用途（如记叙文中过去时的正确用法）
   d. 其他
2. 用于语法教学的课堂时间是：
   a. 整节课
   b. 几乎整节课
   c. 少于（__ 分钟）
3. 我依据什么选择要教授的语法项目：
   a. 依据教科书内容
   b. 依据课程大纲
   c. 依据学生在测验中的表现
   d. 依据学生在口试和笔试中的偏误
   e. 其他
4. 我如何教授语法：
   a. 解释语法规则
   b. 利用图像辅助教学
   c. 指出学生偏误
   d. 让学生做教科书上的练习
   e. 让学生做我自己设计的练习
5. 给学生布置语法任务时，我会让学生：
   a. 研习语法规则
   b. 在课堂上进行口头练习
   c. 在语言实验室进行口头练习
   d. 通过做家庭作业来练习
   e. 依据他们写作中的偏误进行练习
   f. 看每个人的家庭作业或课堂作业
   g. 记录他们的偏误
   h. 做句子合成练习
   i. 用特定语法规则、句式造句或者组成段落

j. 找出并改正作文样例中的语法错误
k. 找出并改正他们自己作文中的语法错误
l. 找出并改正其他学生作文中的语法错误
m. 其他

附录 4　学生学习偏好调查问卷

你怎样能学得最好？（学生问卷）

例如：

	否	喜欢	比较喜欢	非常喜欢
我喜欢通过听歌来学习。	否	喜欢	比较喜欢	非常喜欢

1. 在英语课上，我喜欢通过阅读来学习。	否	喜欢	比较喜欢	非常喜欢
2. 在课堂上，我喜欢听录音带。	否	喜欢	比较喜欢	非常喜欢
3. 在课堂上，我喜欢通过游戏来学习。	否	喜欢	比较喜欢	非常喜欢
4. 在课堂上，我喜欢对话式的学习。	否	喜欢	比较喜欢	非常喜欢
5. 在课堂上，我喜欢通过图画、电影和视频来学习。	否	喜欢	比较喜欢	非常喜欢
6. 我想把所有东西都写在我的笔记本上。	否	喜欢	比较喜欢	非常喜欢
7. 我想有为我量身定做的教科书。	否	喜欢	比较喜欢	非常喜欢
8. 我喜欢让老师把所有东西都解释给我们听。	否	喜欢	比较喜欢	非常喜欢
9. 我喜欢让老师多提问题让我们去解决。	否	喜欢	比较喜欢	非常喜欢
10. 我喜欢老师帮助我谈论我的爱好。	否	喜欢	比较喜欢	非常喜欢
11. 我喜欢让老师指出我所有的错误。	否	喜欢	比较喜欢	非常喜欢
12. 我喜欢老师让我自己发现我的错误。	否	喜欢	比较喜欢	非常喜欢
13. 我喜欢自学英语（一个人）。	否	喜欢	比较喜欢	非常喜欢
14. 我喜欢通过两人对话学英语。	否	喜欢	比较喜欢	非常喜欢
15. 我喜欢在小组中学英语。	否	喜欢	比较喜欢	非常喜欢
16. 我喜欢和全班一起学英语。	否	喜欢	比较喜欢	非常喜欢
17. 我喜欢和同学们出去练习英语。	否	喜欢	比较喜欢	非常喜欢
18. 我喜欢学语法。	否	喜欢	比较喜欢	非常喜欢

19. 我喜欢学很多新词。	否	喜欢	比较喜欢	非常喜欢
20. 我喜欢练习声调和发音。	否	喜欢	比较喜欢	非常喜欢
21. 我喜欢通过视觉学习英语单词。	否	喜欢	比较喜欢	非常喜欢
22. 我喜欢通过听觉学习英语单词。	否	喜欢	比较喜欢	非常喜欢
23. 我喜欢通过实践学习英语单词。	否	喜欢	比较喜欢	非常喜欢
24. 在家里，我喜欢通过阅读报纸等来学习。	否	喜欢	比较喜欢	非常喜欢
25. 在家里，我喜欢通过看英语频道的节目来学习。	否	喜欢	比较喜欢	非常喜欢
26. 在家里，我喜欢通过录音带学习。	否	喜欢	比较喜欢	非常喜欢
27. 在家里，我喜欢通过英文书学习。	否	喜欢	比较喜欢	非常喜欢
28. 我喜欢通过和朋友用英语交流的方法学习。	否	喜欢	比较喜欢	非常喜欢
29. 我喜欢通过听和看澳大利亚人（用英语）交流来学习。	否	喜欢	比较喜欢	非常喜欢
30. 我喜欢通过在商店中使用英语或参加英语学习中心（Centre of English Studies，简称“CES”）的培训来学习。	否	喜欢	比较喜欢	非常喜欢

31. 当我遇到不懂的英语时，我会让别人帮我解释。	否	有时	经常
32. 如果英语内容太难，我会试着只听一部分。	否	有时	经常
33. 我会观察别人的面部表情和手势，以帮助我理解他们的讲话内容。	否	有时	经常
34. 在阅读的时候，如果遇到不懂的词，我会依据其他词语的意思试着理解这个词。	否	有时	经常
35. 在课外，我会尽量找机会使用英语。	否	有时	经常
36. 就算是犯错，我也很乐意使用英语。	否	有时	经常
37. 在开口之前，我会思考要说的内容。	否	有时	经常
38. 如果我不知道如何表达某个事物，我会想出一个说它的方法，并且试着表达出来。	否	有时	经常
39. 当我说英语时，我会注意自己的发音。	否	有时	经常
40. 当我学到一个新词时，我会试着将这个词应用到我的对话中，以便更好地掌握。	否	有时	经常
41. 如果有人不能理解我，我会试着用不同的方式表达。	否	有时	经常
42. 我喜欢英语的发音。	否	有时	经常

43. 我会试着发现自己在英语方面的特殊问题，并尽量修正。　否　有时　经常

44. 我会问自己英语学得怎样，并寻找更好的学习方法。　否　有时　经常

45. 我会试着理解澳大利亚人的生活方式。　否　有时　经常

〔经许可引自 K. Willing (1988), *Learning Styles in Adult Migrant Education*, pp. 106-107, Adelaide, Australia: National Curriculum Resource Centre.〕

附录 5　实习教师观课指导原则

一、引言

1. 教师是非常忙碌的职业。对授课教师来说，课堂观察介入并不总是受欢迎的。
2. 教师观课是一件严肃的事情，不应该草率处理。
3. 学会一种大家都接受的方式进行观课需要时间，需要认真地反思，并且需要运用个人的机智和创造力。
4. 对教师和学生来说，课堂观摩者是他们的客人。教室里之所以可以有这位客人存在，是出于合作的授课教师的好心和宽容。
5. 作为客人，观课的目的不是对课堂中的教师进行议论、评价甚至批评或者提建议，而仅仅是通过观课来学习。

二、步骤

1. 观摩者应该和合作的授课教师取得联系，得到课堂的简要介绍。
2. 准备观课的教师应该提前几分钟到达教室。
3. 如果有意外发生，观摩者不能按约定时间观察课堂，应该尽早告知授课教师，和授课教师沟通是观摩者的责任。
4. 一旦进入课堂，观摩者应尽量做到不引人注目，坐到授课教师指定的地方。
5. 如果学生直接对观摩者提出问题（如“你在这里做什么？”“你也是教师吗？”），观摩者应该尽量简短作答。要记住，观摩者不是课堂的常规成员，尽量不要引起或者进行不必要的交谈。
6. 观摩者应该谦逊有礼，在第一时间感谢授课教师给予观课的机会。
7. 观摩者如果做书面笔记或是以其他方式收集信息的话，应尽量做到不引人注意。无论用何种方式进行数据收集，观摩者都要确保使用教师和学生舒适的步骤。

三、观课后

1. 观摩者有必要对课程观感保密。
2. 观摩者要向授课教师讲明，他 / 她的姓名不会出现在任何与他人的讨论之中。不论是正式还是非正式场合，任何涉及他 / 她的直接引用都将是匿名的。
3. 如果授课教师有要求的话，他 / 她有权查看任何在课堂观察中收集到的笔记或者信息。

〔改编自 Murphy (1991)〕

附录 6　同事观课指导原则

一、一般原则

1. **观课应该有一个关注点。**如果观摩者明白自己应该关注什么，观课的价值会大大提高。如果观课结果仅是诸如“这节课不错”之类的评论，这样的观课对双方都没有什么特别的帮助。另一方面，给观摩者某项任务，例如收集学生课堂参与（participation）方式的信息，那么观摩者就会有观察重点，这样也能为授课教师收集有用的信息。
2. **观摩者应该遵循特定步骤。**上课是一件很复杂的事，包括很多同步的活动。比如，如果观摩者想了解师生互动情况，就可以通过一系列观察步骤，使观课效果更好。
3. **观摩者应该只是观课者。**如果观摩者同时是课堂参与者，观课则不能有效。

二、建议步骤

1. **安排一次观课前的介绍会面。**观课之前，两位教师应该见面，商讨所观课程的类型、教学内容、教学方法、学生类型、典型互动模式（interactional patterns）、课堂参与等问题。
2. **确定关注点。**例如：
   - 课程的组织，包括导入、课程结构、收尾（closure）。
   - 教师的时间管理，即课程中各个活动的时间分配。
   - 学生的任务表现，包括策略、步骤、完成任务时采用的互动模式。
   - 任务时间，即学生在多大程度上积极投入学习任务。
   - 教师提问和学生反馈，包括教师在课堂中的提问类型和学生回答问题的方式。
   - 学生在双人互动中的表现，包括学生完成双人任务的方式、任务中的回应、所使用的语言种类。

- 课堂互动，即课堂中的师生互动模式和学生之间的互动模式。
- 小组活动，包括学生在小组活动中第一语言和第二语言的使用情况，学生在小组活动中完成任务使用的时间以及小组活动的积极程度。

3. **制订观课步骤，供观摩者使用**。例如：
    - 时控范例（Timed Samples），即观摩者记录下课堂中特定时间的具体行为。
    - 类别编码，即对于课堂中出现的任何行为，观摩者应根据一套已编码的课堂行为类别对其进行合理的分类。
    - 描述性叙事（广义），即观摩者写一篇记叙文，总结课堂中发生的事件。
    - 描述性叙事（狭义），即观摩者专门写一篇记叙文，描述课堂中的某一特殊方面。例如，观摩者针对某一个学生在这节课中的言行进行描述。
4. **进行课堂观察**。观摩者进入合作的授课教师的课堂，运用双方已商定好的观课步骤完成观课。
5. **观课后的讨论**。课后，两位教师尽早见面，观摩者向授课教师报告课上收集的信息，双方展开讨论。

〔基于 Richards & Lockhart (1991-1992): 7-10〕

附录 7　行动研究指导原则

一、初步反思

进行一项行动研究，首先需要确定研究主题。这个主题，可以是基于一般教学问题的，也可以是根据现实需要的，或者是依据教师现阶段教授班级的问题。例如：

- 我让口语课上的学生做口头报告时，学生总是有很大的困难。
- 学生写作文时，很少用到我教过的修改技巧。
- 在我的文学课上，学生考试的答案几乎都是照抄我的课堂笔记，几乎没有证据可以证明他们进行了阅读。

如果将这些问题作为行动研究的关注点，你需要将每一个问题具体化，以便做出改善和提高。你需要设计一套专门的行动步骤，以验证你采取的行动对最初所研究的问题是否有影响。根据以上情况，可以提出下列更具体的问题。例如：

- 如果要让学生掌握口头报告的必备技巧，口语课的教学内容可以做哪些调整？
- 有没有别的更好的鼓励学生在写作中运用修改技巧的教学方法？

- 为了鼓励学生阅读，考题可以做出哪些调整？

要将一个宽泛的问题转变成行动研究的主题，教师需要做一些初步的课堂观察和批判性的反思。问题本身通常不会直接显示出解决办法——教育问题没有那么简单。一般，教师所做的调整会归为以下三方面中的一个：

- 改变教学大纲和课程计划
- 提高教学技巧或采用新的教学方法
- 改变教学评估方式

行动研究就是倡导改变。做出改变后，为了清楚地报告其影响，教师需要记录改变前后的情形：观课中哪些情况引起了你的注意？现阶段的教学实践和教学情况是怎么样的？另外，你可以运用一些观课技巧对使用行动研究方法前后的教学效果进行对比。

二、计划

计划阶段最重要的就是要有一份关于你将采取何种行动或做出何种变化的详细的行动计划。何人、何时、做什么？对课程规划做出哪些调整？你打算如何实施改进的教学策略？试着确定自己的计划是否具有可行性，并预测其他人对该计划的反应。还需要计划观课的相关事宜，关注课堂变化。准备好可能会用到的问卷或者其他收集信息的工具。

三、行动

在执行计划时，事情很难完全按照预想的进行。要大胆地依据经验和反馈对计划做出微调，但要做好计划调整和调整原因的记录。

四、观察

详细的观察、监控和记录使你可以向他人报告你的发现。参与到行动研究中的人也应该记一份详细的日志。

五、反思

在行动研究结束时，教师应该对发生的一切进行批判性反思：改变是否有效？你从中学到了什么？改变过程中遇到了哪些瓶颈？你如何完善那些你尝试的改变？一般情况下，对于最后一两个问题的反思会引导教师进入更高层次的思考。

〔改编自 Kember & Kelly (1992)〕

第二章　教师的教学信念

教学是一个复杂的过程，我们有许多不同的方式对其进行界定。传统意义上，语言教学一直以教师的活动进行界定，也就是说，以教师在课堂中的行动、行为及其对学生的影响进行界定。无论教师教授何种课程，他/她通常面临以下任务：

- 选择学习活动
- 为学生准备新的学习内容
- 学习活动的呈现
- 课堂提问
- 进行操练
- 检查学生的理解程度
- 提供练习新内容的机会
- 监督学生的学习
- 对学生的学习情况给予反馈
- 复习，必要时重新教授

为了了解教师如何应对以上这些教学问题，我们需要探讨教师这些教学行为背后的信念和思维过程。教师教学信念（teachers' beliefs）涉及认知、情感和行为因素（Clark & Peterson，1986；Lynch，1989）。对教师信念的研究基于以下假设：教师的行为反映出了他们所知道的和相信的，并且这种教师知识和"教师思维"（teachers' thinking）是指导教师课堂行为的内在框架或者说架构（见第四章）。

> 从教师思维的视角来看教与学，人们更加倾向于去解释和理解教学过程本身，而并不是热衷于揭示有效教师（the effective teacher）的特质。毕竟是教师主观的学校知识最大程度上决定了课堂上发生的事情，无论他们能否清晰传达这些知识。与其将教师学习情况的复杂性（complexities）简化成一些可控制的研究变量，不如试图找出教师应对这些复杂性的办法。
>
> （Halkes & Olson，1984：1）

本章我们主要探究的是教师信念体系的本质。

第一节 教师信念的来源

教师的信念体系建立在他们对教学内容和过程所持的目标价值观和信仰上，也源于他们对教育系统和自身角色的理解。这些信念和价值观是教师做决定和行动的背景，构成了教师的“教学文化”（culture of teaching）。

> 教学文化体现在教师所共享的与工作有关的信念和知识上，即关于恰当开展教学工作获得回报的信念以及有利于教师开展工作的知识。
>
> （Feiman-Nemser & Floden，1986：508）

教师思维研究主要讨论以下问题：

- 教师是如何认识教与学的？
- 教师知识是如何组织的？
- 教师信念的来源有哪些？
- 教师信念如何影响他们的教学？

教师信念随着时间的推移逐渐建立起来，包括主观和客观两个层面。有些是非常简单的，例如认为“语法错误应该立即纠正”；有些则较为复杂，例如认为“合作学习比竞争学习更有效”。关于教师信念的研究表明，教师信念源于很多不同的方面（Kindsvatter，Willen & Ishler，1988）。

（1）**自己作为语言学习者的经历**。所有的教师都曾经做过学生，他们的教学信念往往源于他们自己做学生时的经历。例如，有一位教师说：“我记得当我还是学生的时候，学习新单词只有落到笔头上才能记得最牢。” Lortie（1975）认为这属于“学徒观察”（apprenticeship of observation）。Kennedy（1990）在提交给美国国家教师教育研究中心（U.S. National Center for Research on Teacher Education）的报告中指出：

> 当我们获得本科学位的时候，我们已经对教师进行观察并参与他们的工作长达 3060 天。然而，（硕士阶段的）教学实习通常只有 75 天（左右）的课堂实践，这 75 天的教学经验怎么可能显著地改变之前 3060 天所学到的呢？
>
> （Kennedy，1990：4）

（2）**实际经验中最有效的教学方法**。对于很多教师而言，经验是教学信念的主要来源。教师可能已经发现，有些教学方法是行之有效的，有些则没什么效果。例如，一位教师说：“我发现如果先让学生互相检查作业，然后再进行全班检查，学生的回答会更好。”

（3）**已经形成的习惯**。一所学校、一个机构或一个学区可能偏爱某些特定的教学风格和方法。一位高中教师说："在我们学校，会做很多小组学习活动。我们鼓励教师尽可能地避免只是站在讲台上授课。"

（4）**个性特征**。一些教师对教学模式、教学安排及活动有其特别的偏好，因为其符合自己的个性。例如，一位性格外向的教师说："因为我是一个比较外向的人，所以在我的口语会话课上喜欢让学生表演话剧，这种方法很适合我的教学。"

（5）**基于教育学或相关研究的原则**。教师可借鉴心理学、第二语言习得或教育学等学科的知识，并将其用于教学之中。例如，一位私立语言机构的教师说："我最近上了一门合作学习（cooperative learning）的课程，我很相信这种教育理念，并试图将它用到了我的教学中。"该校另一名教师说："我相信第二语言习得的研究对任务型语言教学法起到支撑作用。"

（6）**从方法或途径中得出的原则**。教师相信某个特定教学方法是有效的，并始终如一地在课堂中进行实践。例如，一位教师说："我相信交际教学法（Communicative Language Teaching），每节课我都尽量让语言的交流使用成为焦点。"另一位教师说："在写作教学中，我使用过程教学法，尽量让学生评分，而不是教师评分。"

本章接下来的部分将继续探讨教师有关语言、学习、教学、课程和教师职业方面的信念，以及这些信念与教师课堂教学实践的联系。

思考与讨论

1. 你学习或研究过哪些外语？成效如何？你作为语言学习者的经历是如何影响你语言学习或教学的信念的？

2. 你的性格对你的教学有哪些影响？哪些性格特征对你的教学影响最大？

3. 学生经常对英语或说英语的人有一些刻板印象。你教的学生或你熟悉的学生也这样认为吗？能具体描述一下学生的想法以及他们的想法是如何形成的吗？

第二节　教师对英语的信念

英语对于不同的人有不同的含义。对某些人而言，英语意味着英国文学；对其他人而言，英语意味着英语国家的语言；有些人把它和殖民主义联系在一起；还有的人认为英语只是做生意和赚钱的手段。人们对英语或任何语言的观念，都是源于他们和该语言及其使用者的接触。但是，就英语或你教授的语言而言，这些接触的个体性差异很大。因此，我们很有必要研究教师对英语的信念以及这些信念对教师教学态度的影响。通过考虑以下这些问题，教师对英语的信念会变得更为明晰：

- 你为什么认为英语是一种重要的语言？
- 你认为英语比其他语言难学吗？
- 你认为学习英语最难的是什么（如语法、词汇、发音）？
- 你认为应该教授哪种英语口音（如英式、美式或其他）？
- 你认为能像母语者一样发音对说英语重要吗？
- 与其他你知道的语言相比，英语听起来如何？
- 你认为你的学生对英语学习持何种态度？
- 你认为英语有什么区别于其他语言的特质？

尽管教师对英语的信念有时代表了一些刻板印象，这些信念却也表达了一些会对课堂教学产生影响的现实。在一项对香港英语教师信念的研究中发现，母语是汉语的英语教师认为英语的语法规则比汉语多，他们没有意识到英语的词汇量更大或者沟通更为灵活（Richards，Tung & Ng，1991）。Hartzell（1988）研究了台湾地区中国人的英语观念，指出对中国学生来说英语是一门逻辑不同的语言。比如：

- 一位在百货公司买完东西的中国人看到一个写着“Box Office（售票点）”的大招牌时很惊讶，因为女售货员告诉他，他们不卖箱子，以后也不会卖箱子。
- 办公室的时钟因为没电已经停了。过了一段时间，经理问一个中国员工：“现在几点了？”员工看了看表，说：“It’s eleven o’watch（现在 11 点表）。”当被告知语法有问题时，这个员工很惊讶。

（Hartzell，1988：380）

思考与讨论

1. 与你的同学或同事讨论本节中的问题，看看你们的答案有哪些相同和不同之处？
2. 关于“教师对英语的信念”你还能添加新的问题吗？
3. 本节提到的香港教师认为英语语法规则比汉语多，这种想法会对他们的课堂教学产生哪些影响？

第三节　教师对学习的信念

当学习者和教师第一次见面时，他们对于总体的学习过程、特定课程的学习内容以及学习方式可能抱有非常不同的期望。

（Brindley，1984：95）

Brindley（1984）的观察让我们意识到教师和学生已有的经历都会对他们的课堂观念产生微妙的影响。教师对学习的信念，可能源于他们所受的训练和教学经历，也可能源于他们曾经的语言学习经历（Freeman，1992a）。这些信念可以通过回答下列问题窥见一斑：

- 你如何定义学习？
- 什么是学习语言的最佳途径？
- 什么样的语言接触对语言学习最有帮助？
- 在你的班里，什么样的学生表现最好？
- 你会给学习者推荐哪些学习方式和策略？
- 什么类型的学习方式和策略是你不提倡的？
- 在你的课堂里，你希望学生扮演什么样的角色？

Brindley（1984）指出，赞成"以学习者为中心"（learner-centered）的教师（这一理念目前影响着很多语言教学法）会做出如下假设：

- 学习包括了通过整合偶然经验而获得的系统化原则。
- 教师是为学习者提供语言输入的人。
- 语言数据随处可见，包括社区、媒体、教科书中。
- 教师的角色是协助学习者通过积极地倾听、角色扮演、与母语者互动访问等活动成为自主学习者。
- 对于学习者来说，语言学习包括语言输入假说的形成，并且这些假说会朝着目标模型的方向被不断地加以修订。

（Brindley，1984：97）

但是，从以下学习者对一堂交际导向的英语课的评论我们发现，学习者可能会从相差甚远的层面描述他们的学习假设。课上，教师鼓励学习者积极参与讨论，只给了很少的直接反馈和指导。

- 我只想参加一个我知道我该学什么的课程。他们是教师。他们了解他们的工作。
- 这些课没有系统，都是"碎片化"的。
- 学习语言就必须学习语法。
- 我想学习英语，不想拍手和唱歌。

- 我想要一些可以带回家学习的东西。我们说了很多，但是从没写下来过。
- 你需要一个老师帮助你正确学习英语——你没办法自学，因为没有人帮你纠正。

（Brindley，1984：96）

这些学习者关于学习的假设可以概括为：

- 学习是获得结构性的知识。
- 教师具有这方面的知识，学习者没有。
- 教师的职责是通过讲解、书写和举例等方法向学习者传授这些知识。应该提前给学习者制订一个计划。
- 学习一种语言要通过背诵、阅读和写作等活动学习这种语言的结构规律和词汇。

（Brindley，1984：97）

这些教师和学习者信念之间的差异，突出了向学习者说明教师课堂实践假设的重要性，或让课堂实践更贴合学生的期望。如果不这样做，教师和学习者之间很可能会产生误解和不信任。

思考与讨论

1. 从本节开头的问题中选出三个，与同伴或同事进行讨论。你们的答案有明显的差异吗？如果有，你如何解释这些差异？

2. 选择一个你熟悉的环境，例如一个国家或一个学区，在此环境下的教师对学习的共同假设是什么？这些假设是如何影响他们的教学的？

第四节　教师对教学的信念

因为教学是非常个性化的活动，所以对于构成有效教学的要素，教师具有完全不同的教学信念和假设也就不足为奇了。这可以从下面这段对同一非英语国家某中学的两位英语教师所教班级活动描述的对比中看出。

教师 A 是位女教师，有八年教学经验，是位文静的、说话轻声细语的教师，总是彬彬有礼、愉快地和学生相处。她的学生学习成绩很好，上课总是很安静，注意力也非常集中。学生们单排而坐。当教师走进教室时，学生站起来向她问好。学生发言时要先举手，回答问题时要站起来。教师的教学与教科书紧密结合。教师相信她的课堂是学生学习的地方，她的教学风格是以教师为中心。

教师B有三年的教学经验。虽然他的学生学习也很努力、很积极，但是学习成绩赶不上教师A的学生。教师和学生关系很好，但他并没有采取传统的教学模式。教师进教室时，学生不用站起来，提问不用举手，回答问题时也不用站起来。课堂气氛很轻松。学生可以自愿回答问题，所以课堂往往会比较嘈杂。教师经常使用自编的教材，对指定教材常抱批判态度。

从以上描述中我们发现，这两位教师的教学信念完全不同。就教学问题采访这两位教师时，他们对以下问题的回答也截然不同：

- 你觉得你在课堂上是什么样的角色？如何让一个观摩者对此一目了然？
- 在课堂上，你尝试使用了什么样的教学方法？
- 你利用了哪些教学资源？
- 你如何定义有效教学？
- 你管理课堂的方法是什么？
- 一位好教师应当具备哪些素质？

虽然两位教师的教学方法很不一样，但是他们都认为自己的教学是正常和有效的。他们的教学实践与他们的教学理念紧密相连。

Richards 等（1991）在他们对教师信仰的研究中发现，香港英语教师认为他们在课堂上的首要作用包括：（1）提供有用的学习经历；（2）提供正确的语言使用模式；（3）回答学生的提问；（4）纠正学生的错误。他们认为，作为一名英语教师的主要作用是：（1）帮助学生找到有效的学习方法；（2）向学生传授知识和技能；（3）根据学生的需要采取恰当的教学方法。他们认为在班级中出类拔萃的是具备以下特征的学习者：（1）有动力的；（2）活跃并且喜欢发言的；（3）不害怕犯错的；（4）没有教师的帮助也能够独立完成任务的。

Johnson（1992a）调查了30位ESL教师的第二语言教学信念。他发现这些教师有三种不同的方法：基于技能的方法（侧重于听、说、读、写的各项能力）；基于规则的方法（强调语法规则的重要性，强调对语言系统的清醒认识）；基于功能的方法（侧重于互动沟通和合作学习以及在"真实的"交际情境中发挥作用的能力）。Johnson（1992a）发现：

持有不同主导理论取向的ESL教师，给英语非母语的学生提供了差异显著的语言教学。总而言之，研究表明，ESL教师按照自己的理论信念来教学，理论信念的不同很可能导致语言教学上的本质区别。

（Johnson，1992a：101）

思考与讨论

1. 与同伴或同事讨论本节中列出的有关教师教学信念的问题。你们的教学信念有哪些相同和不同之处？

2. 阅读教师A和教师B的案例。你所在课堂或你观察到的课堂和这两位教师的课堂相似吗？你对师生互动的信念对课堂有何影响？

第五节　教师有关项目和课程的信念

语言教学项目都会反映出制订此项目的机构的文化（即此机构所推崇的特定思维方式和行事方法），也会反映集体决策和教师的个人信念。某些项目可能有清晰的理念，比如澳大利亚移民教育项目，该项目可描述为致力于实施以下课程进程的信念：

- 去中心化的课程计划
- 基于需求的课程
- 一系列的教学方法
- 以学习者为中心的课堂
- 自主学习
- 真实可靠的语料
- 多元文化

（Butler & Bartlett，1986）

教师本身也对他们正在进行的计划有明确的信念，我们从以下描述中可以发现：

- 以前我们在学校进行的是以语法学习为主的教学，但五年前我们开始注重交际能力的培养。
- 我们在所有的写作课上都采取过程教学法。
- 我们的项目主任相信自主学习与学习者的选择。学生在向教师请教后，会制订出自己的学习方案。

在一个项目或学校里，教师对教学计划、教学目标及评估的看法都会导致完全不同的课堂实践。有些教师会在很大程度上依赖于已经出版的教科书，他们照本宣科，让教科书替他们做出很多教学决策；有些教师则认为教科书会限制自己的教学创意，所以他们更多地使用真实材料或者是教师自己编写的材料。对商业读物（commercial reading materials）功能的研究显示，教授阅读课的教师认为商业读物将科学原理和最先进的教学实践结合起来，适合用于阅读教学（Shannon，1987）。但是，由于对教材的过度依赖，他们可能会变成"技能退化的"（deskilled）教师，也就是说，他们对教学的投入会逐渐局限于对演讲、时间管理和实践活动编排的决策上。

教师对项目中存在的问题也有各自的信念，并有可能将这些信念传递给刚刚加入此项目的新教师。例如，某机构的教师对项目中存在的主要问题做了如下描述：

- 教师们往往在相互隔离的状态下工作。
- 教师对于整个项目的理念认识不足。
- 没有一个适当的方法能把学生分配到最合适的班级中。
- 教师会议过少。
- 使用的评估工具与正在努力推行的交际教学法不匹配。

因此，关于教师项目信念的中心问题主要包括以下几方面：

- 你认为一个有效的语言教学项目最重要的部分是什么？
- 你认为在语言教学项目中，教科书和教学材料是什么角色？
- 你认为教学目标在教学中起多大作用？
- 你如何决定所教授的内容？
- 你的教学在多大程度上是基于学生需求的？
- 你对语言项目中的评估有什么看法？
- 你希望在项目中看到哪些变化？

思考与讨论

1. 和你的同事或合作伙伴一起回答上述关于教师项目信念的问题并比较你们的答案，然后思考你们的回答是否有相似之处。如果你还没有开始教学，根据你所熟悉的项目回答问题。

2. 选一两个你回答的问题，思考你对问题的回答随着时间发生了哪些变化。引起这些变化的原因是什么？

3. 用上述问题或另外一套类似的问题采访和你在同一语言项目中工作的两位教师，看看他们的答案是否有明显的不同。这些答案是如何影响他们的课堂教学的？

第六节　教师对语言教学这一专业的信念

专业性（professionalism）是语言教师和语言教学组织经常关注的话题（Pennington，1991）。语言教学并没有被公认为是一个专业，即具有独特性的，需要专门的技能和培训，可以作为终身的、有价值的职业选择，可提供较高水平的工作满意度的职业。教师有多大程度的职业感取决于他们的工作条件、个人目标和态度，以及他们所在社会提供给语言教师的职业前景。在Richards等（1991）的调查中，英语教师们认为，语言教学是一个专业，从事这个专业的教师是专业人士。该调查报告称，教师们愿意承担专业职责，他们可以负责自己的教学，并且能够提高学生的学习成绩。他们对自己所教授的语言持有共同的看法，并在社区中强调该语言在教育、职场和商业沟通中的价值和重要性。

Connell（1985）呈现了澳大利亚教师在各种教学环境下的案例研究，指出教师关于专业信念的回答完全不同：

> 安格斯把自己当成恪守传统者，但同时他也认为自己是专业人士，并且明确表示教学应被看作一个专业。这一职业缺乏公众认可，对此他愤愤不平："我认为教学仍是一个最不受重视的、被人排斥的职业"，并指出责任在于私立学校的"不负责任"的教师和国家教师工会等。
>
> （Connell，1985：41）

其他教师则完全不认为教师是一个专业：

> 特里……坚持认为这是一份伴随着时间限制和感情投入的工作，并不是职业，但这并没有影响他与其他教师强烈的团结感，他是教师工会忠实的支持者。从这个观点来看，教育的形象不是一个学术专业，更像一种技术行业。
>
> （Connell，1985：176）

Bartlett（1987）认为教师专业化的关键在于给予教师更好地了解自己课堂实践的方法：

> 我认为我们应该思考将教师培养成为专业人士的最佳方式或最佳专业发展实践。我们需要找到能帮助他们探究教学实践的最佳途径……这些会涉及探索教师在教室里的个体思维和行动之间的关系，以及教师在课堂上的行为如何能在社会中再现或转变价值观及社会理想。
>
> （Bartlett，1987：148）

Lewis（1989）认为，应更加重视问责，以此来支持语言教师的专业诉求：

> 非母语人士英语课程（English for Speakers of Other Languages，以下简称“ESOL”）的教师不仅对他们的客户负责，他们也需要对纳税人负责。因此，他们就需要通过学生成绩以及合理连贯的、能满足客户需求的课程计划等系统化的证据来证明自己教学的专业性和有效性。
>
> （Lewis，1989：63）

我们可以通过以下问题探究教师关于语言教学专业化的信念：

- 你如何描述英语教学（或你所教授的语言）这个专业的特点？
- 你认为语言教学界的哪些变化是必要的？
- 你认为语言教师需要何种培训？
- 什么样的专业发展活动对教学支持最大？
- 你所熟悉的学校是如何支持教师专业发展的？
- 教学给你带来的最大收获是什么？
- 你认为应该对语言教师整个职业生涯进行评估吗？如果是，可以采取何种评估形式？

思考与讨论

1. 与同事讨论上述问题。

2. 你正在做的或熟悉的项目在多大程度上支持了教师专业化的理念？

3. 试想你要制订一份用于调查教师关于语言项目某方面信念的问卷，例如他们对最佳教学方式的意见以及他们对项目结构和管理的意见。你会在问卷中提出哪些问题？

后续活动

一、教学日志活动

1. 描述一下你的教学方式或对未来将使用的教学方式的设想。你将如何向你的同事描述？回顾一下 24 ～ 25 页中的影响个人信念的因素，写出影响你信念的主要因素。

2. 如果你在课堂上遇到了下面的情况会如何处理？个人信念的哪些方面影响了你的处理方式？

（1）学生在进行两人小组活动时过多地使用母语。

（2）坐在教室后排的学生上课几乎不听讲。

二、课程报告任务

1. 附录 1 是 Pak（1986）研发的用来监测课堂上生生（student-student）互动的自我报告。坚持在不同情形的 4 ～ 5 次课后填写这份表格（或是经过修改的表格）。你的课堂上是否表现出某种特殊模式的生生互动？这种模式是否反映了你对学生在课堂中角色的认识？

2. 如果你在教授语法课，在几次不同内容的授课后完成本书第一章附录 3 中的课程报告，并使用课程报告的信息写一篇教学日志，描述你的语法课的教学方法。

三、调查任务

参照附录 2 所列的项目对一组英语教师进行调查。附录 2 调查教师对教学的认识，确定他们是采取基于技能的教学方法（问题 4、6、10、12、14），基于规则的教学方法（问题 1、3、5、8、11），还是基于功能的方法（问题 2、7、9、13、15）。（说明：只需将“英语”替换成其他语言，附录 2 即可用于其他语言）

附录 3 所列条目旨在帮助确认教师对学习的认识。调查一组教师，查看答案的相似程度。他们的这些认识是否会被带入课堂教学实践。（附录 3 改编自本章附录 1）

四、课堂观察任务

1. 就教授一门特定课程时使用的教学方法采访一位教师，根据访谈内容确认这位教师关于教学和学习的关键假设。

2. 听这位教师的一节或多节课，观察他 / 她处理本章开头所提到的任务的具体方法，以了解该教师的信念体系。

五、同事观察任务

邀请一位同事观摩一节或多节你的课，并就以下问题做记录：

（1）你怎么描述我用的教学方法？

（2）你怎么描述我在课堂上的角色？

（3）学生在我的课堂上有哪些作用？

课后查看一下同事收集到的信息，看看跟你自己的判断和信念是否一致。

附　录

附录 1　生生互动的自我报告

生生互动

1.（1）学生们如何积极参与课堂活动？通过：

角色扮演（所有学生都参与）　☐

预测练习　☐

收集 / 报告信息　☐

讨论　☐

其他　☐

（2）还有什么其他方式可以为学生提供使用和扩展语言的机会？

____

____

2.（1）学生相互沟通的目的是什么（例如分享他们的周末经历）？

____

____

（2）你是否认为交流原因对有意义的交流非常重要？

____

____

3.（1）你是否允许学生：

在你教授目的语之前先使用自己的母语回答导入问题　☐

分享对正确用法的观点　☐

（2）你知道（1）里提到的这些方式是如何提高学生参与度（student participation）的吗？

____

____

4.（1）你用什么方法来检验学生对讨论话题的兴趣度？

____

____

（2）你能就此做一个社会测量图示吗？如下图，在课堂上标出一条假想线。

0%　　　　　　　　　　　　　　　　100%

25%　　　　50%　　　　75%

____

然后，你快速地提出一个话题，学生自然会将自己对这个话题的兴趣度或感觉反映到线的某一点上，例如足球、流产、工党。

（3）你能否提供其他检验兴趣度的方法？

____

____

____

5.（1）你如何建立学生之间的互动关系？

由“开始认识你”引入 □

我自己的模板 / 例子 □

鼓励经验分享 □

优美的环境（图片、鲜花、广播等） □

其他 □

（2）你能否提供一些其他的方式，在学生间建立一种关注和支持的氛围？

____

____

6.（1）学生能意识到彼此的困难和错误吗？你是如何知道的？

____

____

（2）你能通过鼓励学生之间互相纠错来提高这种意识吗？具体怎么做？

____

____

7.（1）课堂桌椅是如何排列的？

以行排列 □

“U”形排列 □

以组的形式排列 □

其他 □

（2）谁安排的桌椅排列方式？为什么？

____

____

（3）你能想到其他可以增强生生互动的桌椅排列方式吗？

____

____

（4）桌椅按照课程不同部分重新摆放，会有效果吗？

____

____

8.（1）学生们是如何学习的？

独立学习 □

成对学习 □

小组学习 □

全班同学一起学习 □

走出教室（如组队参加社区工作、去自主学习中心或图书馆学习） □

（2）哪种组织形式可以使学生之间的互动最大化？

____

____

（3）还有什么组织形式可以增强学生之间的互动？

____

____

9.（1）课堂上是否每个学生都会和别人进行交流，还是只和教师进行交流？你是如何知道的？

____

____

（2）你能提出一些用来分析学生参与度的方法吗？例如，用录音或录像的方法记录你希望关注的具体方面，比如学生发言的长度、发言的频率、谁发言了、使用语言的复杂程度、对何问题给出何种回答。

____

____

你还有什么其他方法？

____

____

〔经许可引自 J. Pak (1986), *Find Out How You Teach*, pp. 69-72, Adelaide, Australia: National Curriculum Resource Centre.〕

附录 2　教师教学信念调查问卷（英语作为第二语言的教学方法）

说明：请阅读以下 15 条陈述，选出 5 条最能反映你关于 ESL 学习和教学的信念的陈述。

1. 语言可以被看作一套语言学习者有意识学习及操控的语法结构。
2. 只要 ESL 学生明白他们在说什么，他们实际上就是在进行语言学习。
3. 当 ESL 学生出现口误时，当场纠正他们并在之后简短解释错误的原因，对他们的学习很有帮助。
4. 只要 ESL 学生能够听、练习和记住母语者所使用的语言，他们实际上就是在进行语言学习。
5. 通常 ESL 学生需要了解英语语法才能使英语表达流利。
6. 当 ESL 学生出现口误时，多让他们口头练习相关的语言结构通常对他们帮助很大。
7. 语言可以被认为是有意义的沟通，并且可以在非学术和社交场合下无意识习得。
8. 如果 ESL 学生已掌握了一些基本的语法规则，他们常常可以自己造出大量的新句子。
9. 对于 ESL 学生来说，他们想说什么通常比怎么说更重要。
10. 如果 ESL 学生不断地进行母语者的语言结构练习，他们就可以根据这些已练习的语言结构创造出大量的新句子。
11. 进行英语教学时，能够清晰、连贯、精准地讲解语法结构十分重要。
12. 语言可以被描述成一组行为，需要通过对母语者的语言结构进行大量的练习与实践才能熟练掌握。
13. 当 ESL 学生出现口误时，只要能理解他们要表达什么，最好忽略这些口误。
14. 一般情况下，ESL 学生需要先具备一些基本的听说能力以后，才可以开始读写。
15. 没有必要教 ESL 学生如何说英语，通常他们会自己开始说英语。

〔经许可引自 K. Johnson (1992), "The relationship between teachers' beliefs and practices during literacy instruction for non-native speakers of English", *Journal of Reading Behavior* 24: 83-108.〕

附录 3　教师语言学习信念调查问卷

阅读以下关于语言学习的陈述。对于每条陈述，请用数字 1 ～ 5 表示赞成与否（1= 非常赞成；2= 赞成；3= 中立；4= 不赞成；5= 非常不赞成）。对于第 22、23 题，请圈出你的答案。

1. 就学习外语而言，孩子比成人更容易。
2. 某些人具有学习外语的天分。
3. 某些语言比其他语言更容易学习。
4. 我们国家的人都很擅长学习外语。
5. 完美的发音对说英语很重要。
6. 了解英语国家的文化对说英语是必要的。
7. 在你能用英语正确表达之前不应该说英语。
8. 对于一个已经会说一门外语的人而言，再学习一门外语会比较容易。
9. 理科学得好的人通常不擅长学习外语。
10. 在英语国家学习英语是最好的。
11. 生词学习是外语学习最重要的部分。
12. 大量的复读和练习很重要。
13. 女性学习外语比男性更容易。
14. 如果初学者学英语时的错误没有得到及时纠正，以后再想改正就比较困难了。
15. 学习一门外语最重要的是学习它的语法。
16. 说外语比理解外语要容易得多。
17. 听录音练习很重要。
18. 学习外语和学习其他学科不同。
19. 会说两种以上语言的人都很聪明。
20. 任何人都可以学习外语。
21. 学习英语，读、写比说、理解容易。
22. 英语是：
    a. 一门十分难学的语言
    b. 一门难学的语言
    c. 一门中等难度的语言
    d. 一门简单的语言
    e. 一门十分简单的语言

23. 如果一个人每天花 1 小时学习外语，他需要多长时间才能说好这门语言？

a. 少于 1 年

b. 1 ～ 2 年

c. 3 ～ 5 年

d. 5 ～ 10 年

e. 一天 1 小时根本学不会

〔经许可改编自 E. Horwitz, “Surveying student beliefs about language learning”, in Anita Wenden & Joan Rubin, *Learner Strategies in Language Learning*, (c) 1987, pp. 127-128.〕

第三章　关注学习者

人们往往从教师的视角讨论和语言学习相关的问题。本书的其他章节也探讨了教师信念、目标、态度和决策对教学活动的影响（详见第二章和第四章）。尽管教师教学的目标是为了学生的学习，但学习并不总是教学的镜像（mirror image）。学习者的信念（learners' beliefs）、目标、态度和决策也会对学习产生影响。本章探讨的是一些学习者的教与学的信念对学习的影响，以及对认知风格（cognitive styles）和学习者策略的影响。

第一节　学习者的信念系统

许多第二语言习得的理论模型都认为学习者信念有决定性影响（如 Bialystok，1978；Naiman 等，1978）。学习者的信念会受到社会环境的影响，也会影响学习者对语言本身和语言学习的态度（Tumposky，1991）。学习者的信念包含很多方面，能够影响学习者的学习动机、对语言学习的预期、对所学语言何为难何为易的认识以及所偏爱的学习策略（learning strategies）。

一、学习者对英语本质的认识

学习者通常对英语中他们认为难学的部分以及英语相对于其他语言的地位有着非常集中的观点。这可以从以下将英语作为第二语言的日本学习者的表述中看出：

- 英语比其他语言难学得多。
- 英语学习最难的部分是语法。
- 英语是世界上最重要的语言。

此类评论通常无非是语言的“民间传言”（folklore）。但是，这些评论确实体现出了学习者真实的心理感受，并影响着学习者的英语学习方式。例如，假设学习者认为语法是英语学习最难的部分，他们就会对以语法为主的教学方法更感兴趣。

二、学习者对英语母语者的认识

学习者对英语是母语的人常常持有特定的观点和态度，这源于他们与英语母语者的接触或者其他渠道，比如媒体。例如：

- 美国人不在乎你说英语时是否犯错。
- 英国人是糟糕的语言学习者。
- 在澳大利亚，人们都非常友好，所以在澳大利亚找人练习英语很容易。

尽管这样的观点不过是刻板印象，但这些观点会影响学生在多大程度上愿意与英语母语者进行互动。学习者对英语母语者的态度也会受到英语母语者和其他文化的人之间交流方式的跨文化差异（cross-cultural difference）的影响。例如，一个在澳大利亚的中国学生认为："澳大利亚人总是在道歉，他们对每个人说抱歉，即使是对他们的家人和非常亲密的朋友也会因为一点小事情就道歉！对我来说，这样做显得疏远、不友好，我不认为需要对朋友这么客气。"（Brick，1991：119）这些评论反映了在使用诸如道歉和称赞这类言语行为时所要遵循的原则存在着文化上的差异。

三、对四种语言技能的认识

学习者的语言信念还可以反映在对听、说、读、写本质的假设上，例如：

- 你需要知道很多习语才能说好英语。
- 看电视节目是提高听力最好的办法。
- 因为词汇量的原因，阅读英语杂志对我而言是浪费时间。

教师和学生的信念差异有时会导致他们对于语言课程中重点部分的认知不统一。比如，一名教师可能会以发展泛读能力为目的开展阅读课教学，但学生可能会把这些教学活动视为锻炼精读能力、构建词汇和习语知识的机会。

四、对教学的信念

一名学生读完中学时，他 / 她已经接触了数千个小时不同教师的教学。因此，学习者可能已经形成了非常明确的关于有效教学或者无效教学构成因素的信念。这可以从以下这些语言学习者的陈述中反映出来：

- 教师需要解释语法规则。

- 分组学习时，你无法从其他同学身上学到很多东西。
- 教师纠正我写作中的所有错误是非常有必要的。

学习者和教师的信念差异，导致学生低估教师安排的课堂活动。比如，一名中级口语班的教师提到，她在课堂上安排了大量的小组活动和双人活动，但是她的学生对课程评价比较低。学生不知道这些活动的目的是什么，因为他们不清楚教学的要点在哪里。

学习者对于教师应该如何教学以及教师的角色和责任有自己的期待，例如：

- 教师的职责就是提供信息。
- 教师需要紧扣课本的内容进行教学。
- 教师应该是学生的榜样。

学生经常可以用非常具体的语言表达此类观点，这可以从以下澳大利亚高中生对英语教师的期待中得到印证：

（一个好的老师）就是那些可以说服其他人表达自己观点的人，可以唤起孩子们创造力的人。因为，我认为每个人都有他们并未使用的创造力，好的教师就在于可以让学生发现自己的创造力，并且说服他们使用这种创造力。

（教师）需要有耐心，这是肯定的。我觉得他们应该有创造性思维和判断。因为教师回到家以后还要给 32 份作文评分，这是大部分人不愿意做的。所以，他们要保持一种开放的态度，毕竟他们不能简单地说："哦，这篇作文写得不太好。因为……它的形式跟别人的不一样。"

……最重要的……是坐下来和学生进行交流的能力和意愿。因为你会发现有一些英语教师（他们是少数的……）不希望和他们的学生进行平等的交谈……说话总是居高临下……这是英语写作中最糟糕的事情，你应该开门见山地讨论问题。

（O'Neill & Reid，1985，转引自 Biggs & Telfer，1987：439）

具有不同文化背景的学习者对有效教学的理解也不同。例如，一个在中国学习汉语的澳大利亚学生认为：

中国教师的问题在于他们从来没有接受过任何真正意义上的教师培训，所以他们不知道怎么教学。他们的教学就是讲解课本，从不给我们任何说话的机会。这要我们怎么去学？

（Brick，1991：153）

我们可以与在澳大利亚学习的中国学生对比一下：

澳大利亚的老师非常友好，但他们的教学不太好。我从来都跟不上他们的节奏，他们的教学根本没有体系，总是让我很困惑。而且他们受到的教师培训很糟糕，教师对教授的科目没有透彻的了解。

（Brick，1991：153）

五、语言学习的信念

学习者对如何学习语言以及哪些是他们认为有效的活动或有用的教学手段有自己十分明确的设想。例如：

- 学习一门语言最好的方法就是多与母语者交流。
- 试图记忆语法规则没什么用。
- 为了提高英语水平，你需要每天练习。

语言学习者可能会认为某些教师不主张的学习策略非常重要。比如，来自经常使用死记硬背策略的文化的学生会认为死记硬背是非常有效的学习英语的策略。教师可能来自一个认为死记硬背是没有用的文化，所以不鼓励学生使用这样的学习策略。

六、课堂行为的信念

学习者可能会对组成课堂互动和课堂行为的合适形式是什么这一问题有着自己的观点。这些观点源自于其自身的文化背景，可能跟教师的观念相悖。例如：

- 上课时向教师提问是不礼貌的。
- 直到教师宣布下课，你才可以离开教室。
- 在你需要的时候站起来并寻求其他同学的帮助是可以的。
- 抄袭其他同学作业的答案是可以的。

最后一条表明对那些在某一文化中被认为是作弊的行为在另一种文化中可能有截然不同的评判。

七、对自我的认识

学习者对于自身作为一个语言学习者的能力通常也有着特定的假设。可以从以下陈述中看出：

- 我不是个好的语言学习者，我不能自然而然地习得一门语言。
- 记单词对我来说小菜一碟。
- 我和目的语母语者交谈时感觉很不自在。

学习者对于他们自己作为语言学习者优势和劣势的看法，会对其把握语言学习机会和为自己设定优先学习项目产生影响。

八、对学习目标的认识

学习者的语言学习目标可能截然不同，比如：

- 我说的话别人能理解就可以了。
- 我希望我能熟练地用英语写作。
- 我对阅读没兴趣，我只关心口语。

对于一些学习者而言，他们更多地用英语和其他非母语者交流，近乎母语者的发音并不是他们的学习目标。然而，对其他学生来说能够具有近乎英语母语者的发音具有很高的优先性。

学习者的信念会受到第二语言学习的社会环境的影响，所以不同文化背景的学习者的信念体系之间常常会有文化差异。这一观点可以在 Tumposky（1991）对苏联和美国大学生语言学习信念的研究中看出。Tumposky（1991）就以下几方面调查了学生的信念：

- 外语学习天赋（aptitude）。是否有一些学习者因为年龄、性别或者母语背景的原因比其他人更容易学习外语？
- 语言学习难度。所有语言的学习难度是否相同？学习一门外语需要多长时间？读写比听说容易吗？
- 语言学习的本质。语言学习和其他类型的学习相似吗？语法规则的学习重要吗？词汇学习呢？
- 学习和交际策略。语言偏误扮演的角色重要吗？猜测意义是否可行？
- 动机和预期。为什么你学习这种语言？它对你找工作有帮助吗？

（Tumposky，1991：53）

从下面苏联和美国学生对语言学习本质和交际策略的问卷反馈中可以看出他们信念体系的差异。

表 3-1

	同意（%）	中立（%）	不同意（%）
了解英语 / 西班牙语 / 法语文化对学习英语 / 西班牙语 / 法语是必要的。			
美国	58	22	19
苏联	78	20	2
在讲英语 / 西班牙语 / 法语的国家学习英语 / 西班牙语 / 法语是最好的。			
美国	61	22	17
苏联	100	0	0
学习外语最重要的部分是学习词汇。			
美国	42	39	19
苏联	24	41	35
直到能准确说出英语 / 西班牙语 / 法语，你才可以说英语 / 西班牙语 / 法语。			
美国	3	11	86
苏联	11	33	55
我不好意思和别人说英语 / 西班牙语 / 法语。			
美国	50	14	36
苏联	24	33	43
跟着录像带或者录音带练习很重要。			
美国	58	33	8
苏联	79	19	2

（Tumposky，1991：58 ～ 59）

教师的信念影响他们的教学，学习者的信念也会对他们如何界定学习和课堂学习产生影响。这在 Bondy（1990）关于一年级学生阅读课的研究中得到了证明。她发现学生对于阅读的本质和目的有着截然不同的理解，而且没有哪一种关于阅读的认识是所有孩子共有的。班上的学生对于阅读持有六种不同的认识。这些不同的认识指导着学生课上学习阅读的方式，影响着他们的阅读行为。如下所述：

（1）**阅读就是读出正确的词**。这些孩子认为大声朗读词语是关键，阅读就是喊出词语的表演。

（2）**阅读就是学校作业**。这些孩子认为阅读就是另一种他们在进行自己喜欢的活动以前必须完成的任务。一般来说，阅读不是他们自己愿意做的事情。

（3）**阅读是一种身份来源**。也就是说，阅读是一种可以在人前发声和表演的活动。

（4）**阅读是学习事物的一种方法**。这些孩子认为，阅读意味着学习，他们选择有信息的材料来阅读。

（5）**阅读是一种个人娱乐**。这些孩子选择了那些对自己有意义的书籍。

（6）**阅读是一种社会活动**。对这些孩子来说，阅读是在小组或同伴间合作进行的一种分享活动。阅读是可以和朋友分享的娱乐资源。

在较低水平的阅读小组中，前三种关于阅读的定义比较常见。而后三种定义仅在较高水平的小组中有所表现。后三种定义反映了一种将阅读视为“个人有意义的活动”的观点（Bondy 1990：35）。Bondy（1990）还发现，教师教学时会不知不觉地在与学生的互动中支持这些关于阅读的不同观点。例如，尽管教师在每个阅读小组都使用了以上六种方法，但对较低水平小组的学生，教师会着重强调基于词汇的体验。类似地，高水平小组的阅读教学主要强调的是意义、个性和信息的共享。孩子们“对阅读的定义是伴随着他们对课堂阅读经历的解读而形成的，而这种解读是鉴于他们以前的阅读经历和对阅读的理解”（Bondy，1990：39）。

思考与讨论

1. 对于一组你熟悉的学习者而言，此节所讨论的八个学习者信念是如何影响他们的英语学习方式的？你能分辨出这些信念是有利于他们的语言学习还是阻碍了他们的语言学习吗？

2. 学习者的文化背景是如何影响本节所讨论的语言学习信念的？教师应该如何应对教师和学习者之间的文化信念差异？

3. 你认为 ESL 的学习者（或学习其他外语的学习者）是如何认识阅读的？根据你的教学经历或者与学习者的谈话，总结一下你熟悉的一些学习者的信念。班级中的所有学习者对阅读有着相同的信念吗？

第二节　认知风格

学习者语言学习和语言教学的一些观念与认知风格或学习风格的差异有关。认知风格被定义为具有特征性的认知和心理活动，即“可相对稳定地指示出学习者是如何对学习环境进行感知、互动和回应的”（Keefe，1979，转引自 Willing，1988：40）。认知风格可以看作是特定的处理学习的倾向，并与人格类型密切相关。认知风格的差异体现出人们对学习情境的不同反应方式，例如：

- 有人喜欢独立学习而有人喜欢小组活动。
- 有人喜欢在完成任务之前花大量的时间去准备，而有人只花很少的时间进行准备，喜欢边完成任务边解决问题。
- 有人只能一心一意地做事，而有人则能同时完成几个不同的任务。
- 有人在模糊或不确定的情境下会感到不适，但有些人却在充满矛盾的信息和观点间游刃有余。
- 解决问题的时候，有些人愿意去冒险、去假设，不担心出错，而另一些人则努力避免陷入此种危险的情境中。

- 有人擅长在学习时使用视觉线索和记笔记来记忆，而另一些人在不记笔记、不依靠听觉学习的情况下学得更好。

Knowles（1982）认为诸如此类的差异表现了四种不同类型的学习者的认知风格，并将其分为以下四种学习风格：

第一，具体型学习风格（concrete learning style）。此种学习风格的学习者主动直接地吸收并消化所学的知识。他们对能够迅速体现价值的信息感兴趣。他们有好奇心，自发性强，甘愿承担风险。他们喜欢多样化和不断变化的节奏。他们不喜欢循规蹈矩的学习，也不喜欢书面作业。他们喜欢口头的或视觉的体验，喜欢富有娱乐性和身体力行的学习活动。

第二，分析型学习风格（analytical learning style）。此种学习风格的学习者独立性强，喜欢解决问题，乐于刨根问底并建立自己的理论。这类学习者偏爱学习材料以逻辑性强、系统性强的方式呈现，能够让他们有机会独立进行后续的学习。他们严肃认真，学习刻苦，但是难以承受失败的打击。

第三，交际型学习风格（communicative learning style）。此种学习风格的学习者喜欢社会化的学习。他们需要个人反馈和交流，能从讨论和小组活动中学到很多。他们在民主气氛浓厚的班级中茁壮成长。

第四，权威导向型学习风格（authority-oriented learning style）。此种学习风格的学习者有责任心，值得信赖。他们需要精心安排的、循序渐进的学习过程，更适合传统式的课堂教学。他们希望教师扮演权威的角色，希望得到明确的指示以便知道自己在做什么。他们不喜欢参与仅为达成共识的讨论。

（Knowles，1982）

以下是对澳大利亚的 ESL 学习者的一个大规模的研究（Willing，1988），目的是探究认知风格的差异是如何从六个不同层面对学习者的学习偏好（learners' preferences）造成影响的：

- 对特定类别课堂活动的偏好。
- 对特定类型教师行为的偏好。
- 对特定分组形式的偏好。
- 对需要强调的语言特定方面的偏好。
- 对特定感知模式的偏好，比如视觉、听觉或者触觉学习模式。
- 对特定课外学习模式的偏好。

（Willing，1988：101）

所有被试的学生都接受了访谈，并完成了有关学习偏好的调查问卷。以下是被提及次数最多的十个学习偏好：

我喜欢练习语音和发音。	62%
我喜欢教师指出我的所有错误。	61%
在课堂上，我喜欢通过对话学习。	55%
我喜欢教师给我解释每一件事情。	54%
我喜欢学习很多生词。	47%
我喜欢通过和朋友进行英语对话来学习。	48%
我喜欢通过看和听澳大利亚人（用英语）交流来学习。	39%
我喜欢通过听来学习英语词汇。	37%
我喜欢通过视觉来学习英语词汇。	38%
我喜欢教师帮助我谈论我的兴趣。	35%

（Willing，1988：116）

研究发现，认知风格的不同会影响学习者对某些特定的学习方法的偏爱。例如：

具体型学习风格的学习者倾向于以下这些选择：
- 在课堂上，我喜欢通过游戏学习。
- 在课堂上，我喜欢通过图像、电影和视频学习。
- 我喜欢结对学习英语。

分析型学习风格的学习者显示出以下偏好：
- 我喜欢学习语法。
- 在家里，我喜欢通过英语书来学习。
- 我喜欢教师让我自己发现自己的错误。

交际型学习风格的学习者更偏爱下面的这些方法：
- 我喜欢通过看和听澳大利亚人（用英语）交流来学习。
- 我喜欢通过和朋友进行英语对话来学习。
- 在家里，我喜欢通过看英语的电视节目来学习。

权威导向型学习风格的学习者的学习偏好是：
- 我喜欢教师给我们解释每一部分的内容。

- 我想在笔记本上记下所有的内容。
- 我想有自己的课本。

这类信息有助于了解教师与学生为了实现学习目标是否采用了同样的方法。尽管没有必要一定将学生归为某种认知风格类型，但确定学习者偏爱的学习方法并使教学与他们的学习偏好相匹配则非常有用。另一方面，我们也会发现认知风格在某种程度上受到了文化因素的影响。比如，Willing（1988）曾经做过一个关于不同民族认知风格的调查，发现不同文化背景的学习者认知风格会有所不同。比如，中国学生最倾向的学习模式是：

我喜欢教师给我们解释所有的内容。	54%
我喜欢教师指出我犯的所有错误。	51%
我喜欢练习听力和发音。	50%
我喜欢学习很多生词。	43%
在课堂上，我喜欢通过对话进行学习。	43%
我喜欢在“做”中学习英语单词。	43%

（Willing，1988：131）

以阿拉伯语为母语的学生最喜欢的学习模式是：

我喜欢练习语音和发音。	77%
我喜欢教师给我们解释所有的内容。	77%
我喜欢学语法。	65%
我喜欢通过和朋友进行英语对话来学习。	56%
我喜欢教师帮助我谈论我的兴趣。	56%
在课堂上，我喜欢通过对话进行学习。	56%

（Willing，1988：131）

思考与讨论

1. 你认为认知风格理论有用吗？该理论可以在哪些方面帮助我们更为清晰地了解学生是如何学习的？此理论在哪些方面会阻碍我们的了解？

2. 你最近有没有学习外语或者其他课程？如果有请思考一下你的学习方法和认知风格。你的认知风格与本节讨论的四种类型中的哪一种相匹配？多大程度上匹配？试着总结你自己学习方法的特点。

第三节　学习策略

认知风格被认为是学习者所具备的相对稳定的特点，这些特点影响着学习者一般性的学习方法。而学习策略是学习者在完成学习任务时采取的具体步骤。当完成一项学习任务时，比如阅读课本中的一个章节或者是对某一篇章进行书面总结，学习者可能会选用几种不同的学习方式完成任务。每一种选择或策略都有优缺点，采用一种适合的学习策略可以更为高效地完成任务。教师教学的一个重要方面就是提高学习者对于高效学习策略的认识与掌握，同时避免低效策略的使用。

Oxford（1990：8）认为学习策略是“学习者为了使学习更容易、更快捷、更愉快、更自主、更易于适应新情况而采取的具体行动”。她认为语言学习策略有以下几个特点：

- 有助于实现语言学习的总体目标，有助于提高语言交际能力。
- 让学习者更为自主。
- 能够扩展教师角色。
- 本身是问题导向型的。
- 是学习者采用的具体行动。
- 包括学习者的诸多方面，不仅仅是认知层面。
- 直接或间接层面都有助于语言学习。
- 往往是隐性的。
- 常常是有意为之的。
- 是可教授的。
- 是可以调节的。
- 会受到一系列因素的影响。

（Oxford，1990：9）

现在有很多关于学习策略本质以及针对不同目标的有效学习策略的研究（Vann & Abraham，1990）。Oxford（1990）界定了六种基本的学习策略：

- **记忆策略（memory strategies）**，有助于学生储存和检索信息。
- **认知策略（cognitive strategies）**，有助于学习者理解和输出新语言。
- **补偿策略（compensation strategies）**，有助于学习者在语言知识欠缺的情况下进行交流与沟通。
- **元认知策略（metacognitive strategies）**，有助于学习者通过组织、计划和评估掌控自身的学习。

- **情感策略（affective strategies）**，有助于学习者有效控制感情、态度、动机和价值观。
- **社会策略（social strategies）**，有助于学习者与他人交流。

（Oxford，1990）

Oxford（1990）对每种策略举例如下：

- **记忆策略**

——建立心理联接，例如在上下文中加入新词。

——应用图像与声音，例如在记忆中呈现声音。

——充分复习，例如结构性复习。

——采取行动，例如利用身体反应或者感觉。

- **认知策略**

——练习，例如使用公式和范例。

——接收、发送信息，例如关注信息的大意。

——分析与推理，例如分析性的表达。

——为输入和输出建立结构，例如记笔记。

- **补偿策略**

——理智地推测，例如使用非语言线索猜测意思。

——克服说和写的局限性，例如使用迂回说法或同义词。

- **元认知策略**

——集中所学知识，例如将新信息与已知内容结合起来。

——安排并计划好自己的学习，例如制定目标和宗旨。

——评估自己的学习，例如自我监控。

- **情感策略**

——减轻焦虑感，例如听音乐和大笑。

——鼓励自己，例如自我奖励。

——检测自己的情绪，例如与其他人讨论一下自己的感受。

- **社会策略**

——提问，例如请求说明或者验证。

——与他人合作，例如与一门新语言的熟练使用者进行合作。

——同情他人，例如建立文化理解。

（Oxford，1990）

学习者策略的研究关注学习者如何采用这些策略，以及成功与失败的学习者之间学习策略的差异（O'Malley & Chamot，1990）。通过观察学习者如何完成不同的学习任务，并让他们反思自己的学习策略或记录他们如何解决特定的学习问题，可以发现有效和无效策略之间的差异。例如，一项关于阅读能力测试中高分者与低分者差异的研究显示：高分者倾向于在心中记住篇章的大意，以较长的短语为单位阅读，跳过不必要的词语，并借助上下文猜词；而低分者经常在刚翻译和理解句子之后便忘记了句子的意思，逐字逐句或以较短的短语为单位阅读，很少略读，遇到生词就查词典（Hosenfeld，1977）。

有关学生如何完成写作任务的研究显示，高级水平与初级水平的学生使用的策略也存在差异（Heuring，1984；Lapp，1984）。比如，在开始写作之前，高级水平的学生倾向于花时间思考任务并计划如何完成这个任务。他们收集、组织信息，并且借助记笔记、列清单、头脑风暴等方法形成想法。而初级水平的学生则很少花时间来计划，且往往一开始对任务有些迷惑，并很少使用计划和组织策略（Richards，1990）。

Vann & Abraham（1990）研究了不同类型的学习任务中失败的语言学习者的学习策略，发现这些学习者之所以失败并不是因为缺少合适的策略，而是不能选择针对任务的正确策略。他们都能够积极地使用策略，但很难找到合适的策略。在他们的研究中，失败的学习者在学习中：

> 可以积极地使用策略，但面对具体任务时无法正确运用合适的策略。很明显，他们缺乏某种必要的更高层级的问题处理能力，即所谓的元认知策略或者自我调节的能力。这两项能力使得他们能够对任务做出评估并把必要的策略用于完成任务。
>
> （Vann & Abraham，1990：190 ～ 191）

当今对第二语言习得的研究侧重从强调师生合作互动中寻求有效的教学方法的方式。教师和学生应当共同努力去寻找如何更有趣以及更有效地帮助学生学习第二语言的方法。Rubin 是本领域研究的先驱，他认为通过更好地理解和管理自己的学习策略，学生将可以期待：

- 了解自己的学习方法。
- 学会根据任务或者学习目标选择合适的策略。
- 学会在课上、课下或者工作情境使用这些策略。
- 能在阅读、听力和对话中具体地运用这些策略。
- 能够定义提升语言学习的记忆力的策略。
- 学习如何将所学的语言知识与实际的交流语言进行有效的转化，将交际知识运用到不同的语言中去。
- 学习明智地使用资源。
- 能够更高效地处理偏误。

（Rubin，1985）

思考与讨论

1. 复习本节 Oxford 界定的学习者策略（51 ～ 52 页），你可以举例说明这些学习策略如何运用于第二语言习得的不同方面（如语法、词汇、口语、听力、阅读、写作）吗？

2. 请与一位或多位同事讨论一下：你们一般会如何完成一个写作任务（如写作文）？你们采用的策略一样吗？你们的策略随着时间推移发生过改变吗？为什么？

3. Hosenfeld 等（1981）描述了一套教授高中法语学习者阅读策略的步骤，如下：

（1）让学生在阅读中边想边说，即让学生在阅读过程中自己说出采用的策略。

（2）识别学生的阅读策略。

（3）帮助学生去理解策略的含义，并让学生认识到哪些策略是有效的，哪些是无效的，哪些可能只是“看起来”有效。

（4）帮助学生认识到他们在理解含生词的母语文本时所使用的策略。

（5）帮助学生认识到他们在理解含生词的外语文本时可以采用的策略。

（6）为特定的阅读策略提供引导、练习和整合。

（7）识别学生所采用的阅读策略并把它们和学生得到引导之前所采用的阅读策略进行比较。

（Hosenfeld 等，1981）

这种策略训练方法隐含的理念是什么？这种方法的优点和缺点是什么？

4. 学习者可以通过很多不同的方式来探讨他们自己的学习（Gray，1991），比如：

（1）小组讨论。例如讨论学习者偏爱的学习活动、学习方法，或者他们是如何解决学习中遇到的问题的。

（2）自我评估和同伴评估。例如评估学生的某种语言能力和此种能力提高的过程。

（3）同伴观察。例如一个学生观察和记录另一个学生完成任务的过程，然后与同伴进行讨论。

（4）日志。例如学生记录自己是如何完成特定的任务和解决遇到的问题的。

讨论这些活动如何能在语言项目中得到运用，从而探索学习者对本章所探讨问题的观点。

后续活动

一、教学日志活动

1. 回忆一下你自己学习外语的经历，关于以下方面的信念是如何影响你的语言学习的？

（1）你的语言学习的信念；

（2）你关于目的语母语者的认识；

（3）你关于语言学习目标的信念。

2. 在学习外语时，你属于哪种认知风格？它对你偏爱的活动种类有什么影响？

3. 记录你在课上或者观课时学习者所采用的有效的学习策略。特定学习者是否有特别偏爱的学习策略？在多大程度上学习者会将成功的学习策略纳入自己的学习中？

二、调查任务

1. 请根据本章第一节“学习者的信念系统”中的相关问题设计一份调查问卷，分发给一组学生，调查他们的学习信念。

2. 根据你所熟悉的一组学生的情况，改进附录 1（58 页）中 Horwitz（1987：127 ～ 128）的调查问卷，并在这组学生中进行调查。与同事讨论调查结果。

3. 补充附录 2（60 页）中的学习策略清单，并选择你喜欢的策略。然后与 Oxford（1990）在 51 ～ 52 页中提及的分类方法做比较。按照 Oxford（1990）的分类，这些策略分别归于哪一类？

4. 附录 3 是关于学生学习风格和倾向的调查问卷，此问卷用六分法代替了 Knowles（1982）在 48 页中的学习风格四分法。此问卷的六种分类包括：

（1）**视觉型学习者**。这些学习者以视觉的方式应对新信息，倾向于可见的、形象化和图示化的经历呈现方式。他们从阅读中获益最大，通过看课本、练习册和黑板上的词语能获得较好的学习效果。他们常常可以看书自学，并且可以通过记录别人演讲的方式记忆新信息。

（2）**听觉型学习者**。这类学习者通过口头解释和听力练习的途径学习效果最佳。他们可以通过听录音、教授其他学生、与师生讨论来学习。

（3）**动觉型学习者**。这类学习者身体力行参与到实践中时，学习效果最佳。当参与课堂活动、实地考察或角色扮演时，他们可以记住新的信息。

（4）**触觉型学习者**。这类学习者参与到“动手”型的学习活动中时受益最多。他们热衷于操纵物体，乐于构建、修复、制作和整理东西。

（5）**集体型学习者**。这类学习者倾向于团队互动或与其他同学一起完成课堂作业。当他们和别人一起工作时受益最多。集体互动可以帮助他们更好地学习、理解新内容。

（6）**独立型学习者**。这类学习者倾向于自学，可以自己学习新信息，独立学习时学来的知识会记得更牢。

（Knowles，1982）

请先自行回答问卷问题，然后根据问卷后面的指示确定自己的学习偏好。你有特别偏爱的学习风格吗？结果是否让你感到惊讶？比较同伴或者同事的调查结果。

对一组你熟悉的学生进行问卷调查：这些学生是否有特别偏爱的学习风格？所有学生偏爱的学习风格相同吗？

三、观课任务

观一次课。观课过程中观察一两个学习者的课堂活动情况，描述学习者在完成活动的过程中所使用的学习策略。与另一位观察同一位学习者的同事比较你们的观察结果：你们对学习者使用策略的描述是否相似？你们是否认为学习者使用了有效的学习策略？如果没有，如何改进？

四、同伴观察任务

请一位同事来观摩一节或几节你的课，并记录下你教授学习者使用的有效学习策略的例子。你支持哪一种学习策略？你是如何让学习者注意学习者策略的？

行动研究案例 1

学习者策略

此项目是两位小学教师完成的[1]。

一、研究问题的提出

我们想对学生的学习策略有更多了解。我们想知道更多 ESL 课堂上成功的学习者的学习策略，也想知道学习者对我们教学的反馈。指导我们研究的具体问题如下：

- 在我们的课堂上成功的语言学习者使用的学习策略是什么？
- 学习者在课外使用英语吗？
- 他们喜欢学习英语吗？

二、计划

研究对象是两名七岁的小学生，我们认为他们是优秀的语言学习者。选择他们的原因是他们在班上学习英语是最成功的。我们决定通过以下方式收集学习者信息：**课堂观察、学习者日志**和**访谈**。

观察的周期是一个学期。

三、行动

通过课堂观察，我们发现两名学生在课堂上都能够做到以下几点：**聚精会神地听讲、提问、在课堂内外都使用英语、用英语与他人互动、自愿回答问题、使用字典等资源。**

我们还对他们进行了访谈，了解他们在学习过程中觉得哪些是简单的、令人愉悦的、有趣的，或者哪些比较困难以及觉得困难的原因。两位同学还记了日志，记录了自己对语言学习的

① 这项案例研究改编自 Zornada & Bojanic（1988）。

感受和态度。我们给出以下问题来指导他们写日志：

- 本节课你学到了哪些内容？
- 你在课堂上获得了足够的语言学习吗？
- 你在课堂外使用目的语吗？在哪些地方使用？
- 你期待上语言课吗？
- 你不喜欢语言课的哪些内容？
- 你如何记忆学到的内容？
- 你和谁进行语言练习？
- 你做作业花多长时间？
- 除了老师布置的作业以外，你还经常做别的练习吗？
- 你认为自己擅长学习目的语吗？
- 你阅读目的语书籍吗？
- 你最喜欢语言学习的哪些部分？为什么？
- 在这一周里你学到新内容了吗？
- 你喜欢考试吗？
- 你如何能学到更多知识？
- 你的父母支持和帮助你学习语言吗？

四、观察

在统计数据时，我们发现两名学生使用了多种学习策略，从而成为成功的语言学习者。比如我们问“你们如何记忆学到的内容？”回答如下：

- 听的时候比较容易记住。
- 我一遍一遍地记。
- 我和我的家人、朋友练习。
- 我写下我想记住的内容。
- 我把句子贴在房间的墙上。
- 我很喜欢学习课本，所以花很多时间复习课本。虽然我的老师看不到也不会给我打分，但我还是要学习。

五、反思

通过研究虽然没有发现什么令我们吃惊的结果，但验证了我们已有的一些直觉上的想法，且这些想法变得更加清晰。我们学到了可以更高效帮助学生学习的有用策略，此策略包括以下两个问题：

- 你怎么着手做这件事？
- 对你而言做这件事最合适的方法是什么？

附　录

附录 1　学习者语言学习信念问卷（英语作为第二语言学生版本）

下面是部分人对于外语学习的信念。

阅读每一个描述然后判断你是否：

（1）强烈赞同 （2）赞同 （3）不赞同也不反对 （4）反对 （5）强烈反对

以下问题的答案没有正确或错误之分，我们仅仅是对你的看法感兴趣。请在特殊答题纸上画出每一题的答案。第 4 题和第 15 题与其他问题略有不同，请按指示作答。

请注意：

（1）强烈赞同 （2）赞同 （3）不赞同也不反对 （4）反对 （5）强烈反对

1. 儿童学习外语比成人更容易。
2. 有些人有学习外语的天赋。
3. 一些语言比其他语言更容易学。
4. 英语是一种：
    a. 非常难学的语言
    b. 难学的语言
    c. 中等难度的语言
    d. 容易学习的语言
    e. 非常容易学习的语言
5. 我相信通过学习我能讲好英语。
6. 我们国家的人擅长学习外语。
7. 出色的英语发音非常重要。
8. 想要说好英语，了解英语文化非常有必要。
9. 直到你能准确地说出来，你才可以讲英语。
10. 已经会说一门外语的人学其他外语会更容易。
11. 擅长数学或科学的人不擅长学习外语。
12. 在英语国家中学习英语是最好的。

13. 我喜欢和我遇到的美国人练习英语。
14. 当你不知道一个英语单词是什么意思的时候，猜测是可行的。
15. 如果一个人每天花 1 小时学习一种语言，那么他说好这种语言需要：
    a. 少于 1 年
    b. 1 ～ 2 年
    c. 3 ～ 5 年
    d. 5 ～ 10 年
    e. 一天 1 小时根本学不会
16. 我有学习外语的天赋。
17. 词汇学习是外语学习最重要的部分。
18. 重复和大量练习是很重要的。
19. 女人比男人更擅长学习外语。
20. 我们国家的人觉得说好英语是很重要的。
21. 我不好意思和别人说英语。
22. 如果容忍初级学生犯错，那么他们以后再想说对就很难了。
23. 学习外语最重要的部分就是学习语法。
24. 我学习英语是为了帮助我更好地了解美国人。
25. 说一种外语比理解这种语言容易。
26. 跟着录像带或录音带练习很重要。
27. 学习外语不同于学习其他科目。
28. 学习英语最重要的部分是学习怎么把我的母语翻译成英语。
29. 如果我英语学得好，我可以有更好的机会找到好工作。
30. 能说超过一种语言的人是非常聪明的。
31. 我想学习把英语说好。
32. 我想交美国朋友。
33. 每个人都可以学会说一门外语。
34. 读、写英语比说和理解英语更容易。

〔经许可改编自 E. Horwitz, “Surveying student beliefs about language learning”, in Anita Wenden & Joan Rubin, *Learner Strategies in Language Learning*, (c) 1987, pp. 127-128.〕

附录 2 学习策略问卷

教师问卷

想象一下你现在身处一个非英语国家（可以想一个特定的国家）。你将要在这里生活一段时间……因此你必须得“谋生”。基于这种情况，请阅读下面“学习策略”的列表。在你自己学习语言的过程中，你最有可能采用下面哪些策略？（请在旁边画√）哪些策略是你最不可能采用的？（请在旁边画 ×）

1. 在对个人有意义的真实语境中理解和练习语言，即很大程度上相信“自然学会”。
2. 听或读时，将注意力放在特定的特征上，例如一个句法结构、一个动词时态、话语元素、中心思想等，即“选择性关注”。
3. 学习常见结构、会话短语、礼貌表达以及其他固定结构，即用心记住这些，为可能的会话情境做好准备。
4. 用“假设—验证”来扩充你的语言知识，例如你学到了“卡车司机”这个词，推测一下“驾驶出租车的人”“驾驶飞机的人”应该怎么讲。
5. 倾听和观察看到的情况和听到的对话等（并获取内在含义）。
6. 用语义情境、语言标记、手势、语调和情境等猜测意义，也就是推测。使用外部和内部的信息线索填补理解上的缺失。
7. 利用学习技巧和母语者交流，例如请求重复、说明、纠正、阐释以及询问是否准确等。
8. 开口去讲，不担心是否犯错误；坚持意义的表达是最重要的，用一切可能的方式表达想要表达的意思，例如重复、举例、手势等。
9. 监控倾听者对所说话语实际的和感性的回应，认真关注这些回应并对话语做出相应的调整。
10. 关注对社会文化层面意义的理解，如风俗、期望、阐释、线索等。
11. 自我监控并识别自身使用语言的难点，制订计划予以改善。
12. 对比，例如通过对比一些句子推测出一些潜在的规则，即用你自己的方式总结语言规律或者是基础性原则。
13. 从其他人那里寻找语言点、语法点等的解释。
14. 阅读语法解释和对比；做练习或进行语言操练。
15. 利用记忆技巧去记东西；死记硬背。
16. 制作视觉材料，例如图表、图画，帮助理解意义和记忆；理清结构。
17. 使用语音符号或者自己的一套系统，提醒自己注意特定的发音特征或语调模式等。

18. 做笔记，写下新的要点；整理生词表，例如以语义群为标准；记个人学习日志等。
19. 为了单纯的巩固和机械练习而背诵；为了练习固定组合和语音难点的流利发音而背诵；纯粹为享受发音和语音而背诵。
20. 关注并学习所有类型的公众信息（如指示牌、广告、标签、列车广播、电台、电视、电影等）。
21. 通过刻意的关注和重复的接触来熟悉特定的语言“领域”。例如，通过经常收看同一个电视新闻节目来了解政治和时事语言，通过阅读杂志和加入俱乐部来学习关于特定爱好的语言。
22. 通过“录像带 / 录音带课程”学习语言。
23. 在人工语境中练习语言，如模仿、游戏、纵横字谜等。
24. 尝试将信息从一种媒介或格式、语域等转移到另一种，例如像个叙述者那样复述电影的故事情节；通过对话讨论在杂志或报纸上看到的话题，或者写一封关于此话题的个人信件等。
25. 仅仅是放松并保持感官通畅（“吸收”）。

〔经许可引自 K. Willing (1988), *Learning Styles in Adult Migrant Education*, pp. 8-9, Adelaide, Australia: National Curriculum Resource Centre.〕

附录 3　感性学习风格偏好问卷

姓名________　　**学号**________　　**年龄**________

国籍________　　**母语**________

性别________　　**学英语多长时间了？**________

问卷说明：

人们以不同的方式学习。比如，有些人主要用眼睛学习（视觉型学习者）或者用耳朵学习（听觉型学习者）；有些人更倾向于用经验和 / 或者“动手”学习（动觉型学习者或者触觉型学习者）；有些人喜欢自学，有些人更喜欢小组学习。

此问卷可以帮助你找到最好的学习方法或者说你所偏爱的学习方法。

请阅读后面的每一个陈述，根据你自己英语学习的情况做出选择，判断你是否同意每一个陈述。标记方法见下表：

非常同意	SA（STRONGLY AGREE）
同意	A（AGREE）
不确定	U（UNDECIDED）
不同意	D（DISAGREE）
非常反对	SD（STRONGLY DISAGREE）

请快速回答每个问题，不要有太多考虑，选后最好不要修改。请用钢笔画出你的选择。

非常同意	同意	不确定	不同意	非常反对	
					1. 老师解释的时候，我理解得更好。
					2. 我喜欢在课堂上通过“做”来学。
					3. 我和其他人合作时，完成的任务更多。
					4. 我在小组中学得更多。
					5. 在课堂上，我和其他人一起学习时学得更好。
SA	A	U	D	SD	
					6. 通过阅读老师的板书，我会学得更好。
					7. 当有人告诉我在课堂上应该怎么做某件事时，我会学得更好。
					8. 当我参与课堂活动时，我会学得更好。
					9. 我对于在课上听到的东西比在课上读到的东西记得更清楚。
					10. 阅读说明的时候，我记忆的效果更好。
SA	A	U	D	SD	
					11. 当我制作某样东西的模型时，我学得更好。
					12. 当我阅读说明的时候，理解得更好。
					13. 我一个人学习的时候，记东西记得更好。
					14. 为课堂活动制作某样东西可以让我学到更多知识。
					15. 我喜欢通过做实验来学习。
SA	A	U	D	SD	
					16. 边学习边画图可以让我的学习效果更好。
					17. 当老师在课堂上讲课时，我学习效果更好。
					18. 自学时，我学习效果更好。
					19. 我在课堂上进行角色扮演时，理解得更好。
					20. 我在课堂上听别人讲的时候，学习效果更好。
SA	A	U	D	SD	
					21. 我喜欢和两到三个同学一起完成任务。
					22. 当我构建一个事物时，我会把学过的东西记得更好。
					23. 我更喜欢和其他人一起学习。
					24. 对我来说，阅读的方式比听的方式效果更好。
					25. 我喜欢为课堂活动制作东西。

（续表）

SA	A	U	D	SD	
					26. 参与相关的课堂活动时，我学得最好。
					27. 在课堂上，我独自做任务会完成得比较好。
					28. 我更喜欢自己完成任务。
					29. 我读书比听课学到的知识多。
					30. 我更喜欢自己学习。

说明：

在问卷中每种风格有五个问题，所有问题根据所描述的学习风格的不同被分成了不同的小组。每个问题的答案对应的分值是：

非常同意	同意	不确定	不同意	非常反对
5	4	3	2	1

在下面空格中填上每个答案的分值。比如，第 6 个问题你的回答是“非常同意”（视觉型问题），在问题 6 的空格处写上 5。

视觉型

6—5

当你填完了视觉型的所有数值以后，将数值相加乘以 2，并把总数填在相应的空格处。

据此完成每个风格类型的统计。完成后，对照 64 页的数值范围，判断你的主要风格偏好、次要风格偏好和微弱风格偏好。

如果需要帮助，请询问你的老师。

视觉型

6—____

10—____

12—____

24—____

29—____

总分____ ×2=____

触觉型

11—____

14—____

16—____

22—____

25—____

总分____ ×2=____

听觉型

1—____

7—____

集体型

3—____

4—____

9—____
17—____
20—____
总分____ ×2=____

5—____
21—____
23—____
总分____ ×2=____

动觉型
2—____
8—____
15—____
19—____
26—____
总分____ ×2=____

独立型
13—____
18—____
27—____
28—____
30—____
总分____ ×2=____

主要风格偏好	36 ～ 50
次要风格偏好	25 ～ 37
微弱风格偏好	0 ～ 24

〔经怀俄明大学 Joy Reid 教授许可引用〕

第四章　教师决策

我们在第二章分析了教师信念在教师形成教学中使用的指示性决策和课堂实践上所扮演的角色。本章将更为深入地分析教师决策（decision making）的实质及其对教学和学习产生的影响。很多教育学家认为，教师决策是一项关键的教学技能。Shavelson（1973）发现：

任何教学行为都是教学决策的结果，无论是有意识还是无意识的……一个优秀的教师与其他教师的区别，并不在于他能够提出一个更高深的问题，而在于他知道应该在何时提出这样的问题。

（Shavelson，1973：143 ～ 145）

从这个观点来看，教学实质上是一个思考的过程。教师总是不断面临着一系列不同选择，而且要从中做出他们认为最适合某个特定目标的选择。教师所做出的选择称为决策（Kindsvatter，Wilen & Ishler，1988）。教师在教学活动中要做出大量的个人决策。在课前，教师应该制订一个计划，在此阶段做出的决策称为**计划性决策**（planning decisions）；在课堂上又会涉及另一个层面的决策，教师要做出一些关于教学不同层面的实时决策，很多决策可能不是预先准备好的，这些决策称为**互动性决策**（interactive decisions）；在课后，教师必须对这堂课的效果以及这堂课的后续内容做出决策，这些决策称为**评估性决策**（evaluative decisions）。本章的重点是探讨这三种不同类型的决策。

第一节　计划性决策

教师计划一堂课的细致程度和制订计划的方式各有不同。一些教师会为某一门课程或某一堂课设定“宏观计划”或总体目标，然后以此为依据，帮助他们制订每天的课堂教学计划。一项对一位 ESL 阅读课教师的研究显示，这位教师使用教学目标来指导和组织课程（Richards，1990）。如下所示：

这位教师通过陈述课程目标来帮助自己计划和组织教学活动。在课堂上，这位教师能够明确阐述出这堂课计划要达到的一些目标，以及这些目标该如何实现。尽管他没有将这些目标称为“行为目标”(behavioral objectives)，但是这些目标确实可以清楚地阐明他自己的意图，以及帮助他选择合适的学习经历。

（Richards，1990：95）

而其他教师则致力于进行“微观”层面的工作，他们在制订每天的教学计划时，并没有参考课程的总体目标。

在最初的教师培养中，一般都会鼓励教师对所要讲授的每一堂课制订相应的课堂教学计划。教学计划旨在帮助教师更为有效地组织教学，通常包括课堂教学目标的描述、课堂学生活动的开展、每个活动所需的时间、将会使用到的教具、将会使用到的教学策略、每一个活动的分组安排、可能会遇到的问题以及一些备选方案等（见附录1）。

研究教学计划的学者中有一派观点认为，课堂教学计划应该包括对该节课程所希望达到的最终学习成果的描述。这些预期成果有时可以用行为目标来表示。行为目标包含以下四个层面：

（1）学生是主语；
（2）一个即将学到的表示行为或表现的行为动词；
（3）学生展示所学知识的条件；
（4）对学生表现水平的最低要求。

（Findley & Nathan，1980：226）

例如，在一堂语法课上，教师的教学目标可包含以下内容：

学生能够使用动词现在时写一个关于自身情况的小段落，这些动词包括live、go、study、like、be和have，不允许出现三个以上的语法错误或拼写错误。

一节口语课的教学目标可以是：

学生能够进行问候和告别的简短对话，并在教室中进行社交情境下的角色扮演，也可以与其他同学和教师互相问候。

Nunan（1988）指出，这种明确课程或课堂教学目标的方式能够实现以下目的：

- 学习者可以更现实地知道在这堂课上能收获到什么。
- 学习将社交看成实现目标的渐进性积累过程。

- 学生更加敏感地认识到自己语言学习者的角色，而且他们原本关于成为一个语言学习者意味着什么的模糊概念变得更加清晰。
- 自我评估的可行性增强。
- 课堂活动与学习者的现实生活需要紧密相关。
- 技能培养可以看成是一个渐进的过程，而不是一个要么全有要么全无的过程。

（Nunan，1988：61）

Brindley（1984）对一个面向英语为第二语言的成年移民学生的课程中教师如何制订教学目标进行了研究，他发现教师倾向于通过说明教师自己将做些什么和将会介绍哪些语言内容来描述课程目标，而不是说明学习者将会做什么。Brindley（1984）将教师对目标的应用分为以下四种类型：

（1）**教学目标**。很多教师把教师的作用作为教学目标。例如：
- 培养学习者在听说方面的自信心。
- 激活学习者对“何为学习者”概念的理解。
- 培养学习者的主动性。
- 帮助学生意识到他们个人的问题，然后帮助他们应对这些问题。

（2）**课程和语言内容的描述**。教师有时把本课涉及的话题和课堂活动作为教学目标。例如：
- 把精力集中在听力技能上。
- 提供真实的、相关的、贴近生活的英语输入。
- 教会学生英语道歉语。
- 教会学生“将来时”的概念。
- 给学生提供现在完成时的练习机会。

（3）**教学内容的量**。有些教师把他们想要完成的教学总量描述为教学目标。例如：
- 完成课本中的相关练习。
- 完成课本中的大部分内容。

（4）**学习材料**。教师把教科书和将会使用到的教学材料设置为教学目标。例如：
- 使用广播中截取的录音材料向学生呈现真实语音。
- 使用指定发音教材教学生英语语音。
- 从班级读物中找一个故事，选取一节呈现给大家。

（Brindley，1984）

上述内容证明了教师目标应用的其他一些研究的发现。在实际教学中，教师不是经常以行为目标为中心设计教学计划的，尽管在教师培训中他们常被告知应该这样做。他们更倾向于将课堂设计为一系列的活动步骤（例如学生将在课堂上完成的任务）或者教学路径（例如教师如何展现教学内容及顺利完成教学），或者常常将焦点放在特定学生的需要上（Clark & Yinger，1979；Freeman，1992b）。有些教师说，当他们设计教学计划时，他们很可能会设想出一个特定的班级和具体的学生群体，而不是只考虑教学目标。一位给以英语为外语的学生教授听力课的教师这样描述她的计划：

虽然我尽可能清楚地表达教学目标，但我制订教学计划依然从课堂活动和班级设想开始。只有当我审视这些设想的时候我才能开始分析我为什么做这件事。我也需要和学生交流，所以对我来说，如果不与学生交流，输入学生的想法，而只用抽象的方法来计划事情，是非常困难的……所以，我的计划过程是建立在一层又一层的假设、经验和知识之上的。我必须进行深层次的挖掘，以找出我做出这些决定的原因。

（Fujiwara，未刊，转引自 Freeman，1992b：3）

另一位教师描述其制订一节写作课教学计划的过程如下：

首先我会想一下我们上节课讲到了哪里，还有我上次布置的写作任务中学生出现的种种问题。然后我会找出一个能够在整堂课中都激发他们积极性的话题，这个话题要能帮助我解决学生的一些具体的写作问题，使学生在上节课的基础上有所提高。

教师制订的教学计划反映了教师关于教与学的信念。有些教师认为课堂应当是一个自然进行的过程，制订详尽的教学计划会限制教师的选择，也会阻碍教师及时地回应学生的需要和兴趣。其他教师则觉得如果没有一个详尽的教学计划，他们可能会跑题，难以完成规定的教学内容。有些教师喜欢使用详细程度不一的书面计划，而有的教师则更倾向于在头脑中形成计划而不是写下来。

计划性决策是在反思过程之后做出的，在这个过程中教师必须考虑以下问题：

- 我希望我的学生从这堂课中学到什么？
- 我为什么要教这堂课？
- 我对这堂课的内容了解得怎么样？
- 这堂课会包含哪些课堂活动？
- 如何让这堂课的内容与学生已有的知识衔接起来？
- 每一个活动需要多长时间？

- 我如何以分阶段或部分的形式来组织课堂教学？
- 我如何开始和结束这堂课？
- 这堂课对学生来讲会不会太简单或太难？
- 如何处理这个班里面能力水平参差不齐的学生？
- 在与某个小组进行互动时，我如何兼顾别的学生？
- 在教学时，什么样的学生需要特殊照顾？
- 我如何检查学生是否理解了教学内容？
- 我在这堂课中应扮演怎样的角色？
- 我会采用哪些训练和管理技巧？
- 我怎样安排小组？
- 在这堂课上，我如何处理打断课堂的行为以减少课堂干扰？
- 如果这堂课某些方面出了问题，我有哪些备选方案？
- 如果我剩余的课堂时间太少或太多，该怎么办？

（Neely，1986）

思考与讨论

1. 与同伴或同事讨论一下你制订课堂教学计划的方法或者你对教学计划本质的认识。你认为什么样的教学计划是必需的？你认为制订教学计划的目的是什么？

2. 如果你正在教授一堂课，请写一份课堂报告，并与你的教学计划进行对比。你在哪些方面偏离了你的计划？为什么？如果你在观课，请对比一下你的课堂报告和授课教师的课程计划。

3. 采访两到三位教师，了解他们是如何制订教学计划的：他们喜欢书面的教学计划还是头脑中的？他们为什么选择这种方式？在制订计划时他们会考虑什么？他们使用的方法是否类似？他们制订教学计划的方式为什么不同？

4. 下面是一门基本生存技巧语言课的几个行为目标：

- 学习者能够根据口头要求将他 / 她的名字、住址和电话号码告诉一个英语母语者，而且会拼写他 / 她的名字、所在街道和城市，以便采访者能够准确无误地记录下这些资料。
- 学习者能够根据口头指令进行四个步骤的身体活动，并可以准确无误地根据教师的口头指令来行动。

（Findley & Nathan，1980：226）

你认为制订这些目标有多大帮助？

5. 查看附录 1 的教学计划指南。你制订计划时在何种程度上遵循了这些指南？

第二节　互动性决策

虽然计划性决策构成了一个课堂的起点，但这并不是课堂活动唯一的决定因素。课堂从本质上来讲是动态的，某种程度上来讲是不可预测和以持续变化为特征的。因此，教师必须不断做出与课堂变化相适应的决策。这些决策称为互动性决策。Parker（1984）认为：

> 教与学的情况改变了，教师行为也必须要相应地做出改变。因此，对教师来说，基本的问题就是不得不承认并没有一个所谓的最好的行为方式，然后学会做出决策使自身行为始终适应动态的、不断变化的复杂的课堂。
>
> （Parker，1984：220）

互动性决策能力是教师的一项关键的教学技能，因为互动性决策能够让教师评估学生对教学的反应，及时改进教学，为学生学习提供最优支持。一位教师如果只用教学计划来指导教学，忽视了教与学相互作用的动态过程，就很难回应学生的需求。

一个互动性决策由多个部分组成：

- 监控教学活动，并对课堂某一具体时间点上的情况进行评估。
- 意识到许多不同的行动步骤都有可能可行。
- 选择一个特定的行动步骤。
- 评估这个选择的结果。

对自我教学进行监控，并在某一特定的实时情境中评估教学的合理性，这些对互动决策是非常重要的。它包括在教学过程中观察并提出以下这些问题：

- 学生明白这个知识点吗？我的讲授是否清晰易懂？
- 在这个活动中我需要提高学生参与度吗？
- 这对学生来讲是否太难？
- 我应该使用一种不同的方法来教这个吗？
- 这里是不是花费了太多时间？
- 这个活动是否在按计划进行？
- 我该如何吸引学生注意？
- 学生是否需要更多的信息？
- 我是否需要提高此任务的精确度？
- 这是否与本课教学目标相关？
- 学生掌握的词汇量能满足这个任务的需要吗？
- 我正在教的是学生真正需要知道的吗？
- 我是否讲解得过多，没有让学生自主解决问题？

在监控和评估自己的教学时，教师或许会觉得：课堂活动是令人满意的，教学可以继续进行；或者觉得有必要对课堂进行一些干预，以便解决一些已发现的问题。

以下是摘自教师课堂日志的一些互动性决策的例子，这些例子既描述了教师发现的问题，也描述了他/她针对问题做出的决策。

- 在阅读课上，我让学生阅读完一个段落以后，计划让他们进行一个短时间的小组讨论，为他们完成一篇与阅读材料有关的作文做准备。然而，当学生们开始小组讨论后，我注意到讨论引起了学生很大的兴趣和很高的个人参与度。因此，我决定延伸和扩展小组活动，放弃了原本计划作为本课重点的写作任务。
- 在听说课上，我将听写列入了我的教学计划之中。我还计划让学生进行一个真实对话的听力练习。但是在课程进行到中间时我意识到，听写对于提高学生口语流利程度的作用很小。所以我决定放弃听写，这样我就能在真实的听力练习上花更多时间，让学生接触更多真实的交际情境。
- 昨天我想让学生在写作文之前先集思广益。起初，我计划让他们独立思考，然后将他们自己的想法列出来。但是，几分钟之后我意识到，学生们在独立思考方面有困难，想出的点子很少。于是我中断了课堂，并且问他们是否想以成对或小组的方式进行讨论。学生回答说以小组方式会好得多，所以我让他们重新调整座位，组成一个个小组。

Johnson（1992b）运用录像对六位ESL教育硕士的课堂教学进行观察，研究了他们的互动性决策的类型和频率。她发现，这些教师所做出的决策与以下教学因素相关：

表 4-1

决策类型	频率
学生的动机与参与度	17%
学生的语言技能与能力	8%
学生的情感需求	6%
学生的理解	37%
题材内容	8%
课程的整合	9%
教学的管理	15%

（Johnson，1992b：127）

Woods（1991）指出了教师信念和教师决策之间的关系。他描述了一个教学研究的案例，研究对象是在大学教授同样ESL课程的两位教师。其中一位教师（教师A）被认为使用的是以课程大纲为基础的方法，即与课堂活动有关的教师决策主要基于根据课程大纲提前制订的教学计划。另一位（教师 B）则使用以学生为基础的方法，即教师决策主要基于课堂上特定时刻特定学生群体有关的因素。两位教师都遵循同一套课程大纲，但在整个课程中做出了完全不同的决策。

教师 A 自始至终通过完成计划中的课程内容来解释和评估她的决策。她在互动决策中关注的焦点主要在于学生是否明白了语言材料，是否能够适应和跟上她的讲解。教师 B 的决策则反映了他对于学生输入和学生特点在指导教学中的重要作用的看法。他作为教师的作用在于确定学生的需要，在制订课程计划和课堂决策时从学生需求出发确定做什么与怎么做。Woods（1991）总结道：

> 研究结果强有力地表明了：
>
> （1）每位教师在计划阶段和授课阶段做出的决策具有内在一致性，并且与教师关于语言、学习和教学的更深层次的潜在假设和信念也是一致的；
>
> （2）两位教师的决策和信念在很多具体的方面都存在显著差异。
>
> （Woods，1991：4）

思考与讨论

1. 你认为教师需要在课堂上做出哪些类型的互动性决策？列出不同的决策种类，然后根据它们对课堂效度的重要性进行排序。

2. 查看 Johnson（1992b）（71 页）的互动性决策类型。你还能在此基础上增加其他类型的互动性决策吗？

3. 互动性决策和教学质量有什么关系？互动性决策越多教学效果就越好吗？

4. 上完一堂课后，请回顾一下这堂课，然后列出你做出了哪些类型的互动性决策。这些决策是如何影响课堂教学的？如果你在观课，尝试识别出教师在课堂中什么时候做出了互动性决策。这些是什么决策？为什么？如果可以，在课后与该教师交流一下你的列表。

5. 请阅读 70 页上的问题。在何种程度上你考虑了这样的问题？哪些问题可能会引起互动性决策？课堂中哪些事件会促使你考虑类似的问题？

第三节　评估性决策

评估性决策是教师在一节课授课结束之后做出的决策。它们因下面这些关于一节课的问题而产生：

- 这堂课上得成功吗？为什么成功？为什么不成功？
- 这堂课有哪些优点和缺点？
- 学生是否学到了你计划让他们学习的知识？
- 从这堂课中学生学到了什么？
- 这堂课的内容是否满足了学生的需求？
- 这堂课的难度水平是否合适？
- 是否所有学生都参与了课堂活动？
- 这堂课是否引起了学生对该科目的兴趣？
- 我是否为这堂课做了足够的准备？
- 我是否需要再次讲授本课中的某些内容？
- 适合这堂课的后续内容是什么？
- 我是否本来应该使用其他的教学策略？
- 我下次是否还会以同样的方法讲授这部分内容？

教师培养方案，比如针对海外英语教师的英国皇家艺术协会（Royal Society of Arts，以下简称“RSA”）证书，一般都会为课程评估提供标准。例如，在针对多语种学校英语教学的RSA证书中，申请者要接受备课和授课两方面的评估（见附录2）。这种评估方法反映了这个项目背后的教育理念（例如交际教学法的原则）。

然而，教师在评估自己的教学时，大多以自己认为的优秀教学作为评估标准。Woods（1991）发现教师的评估决策与其潜在的关于语言学习和教学的设想、信念是一致的。所以，比如上一节中以课程大纲为基础的教师A评估教学的方法是：把清楚解释语言材料的程度和根据大纲的教学计划完成情况作为评价标准。这样的教师评估活动成功与否和学生反应依据的是“能够将教师带向各项计划中的既定目标，包括具体到每节课的短期计划，课程大纲规定的长期计划，以及教学机构的整体目标”（Woods，1991：11）。而教师B遵循的是以学生为中心的方法，以学生的目标和特征来评估课程。例如，在有一点上他评价道，“我过多地强调了语言教材而忽视了学生的需求”（Woods，1991：13）。

Richards，Ho & Giblin（1992）研究了一批正在接受UCLES[①]/RSA对外成人英语教师资格证培训的教师做出的决策。通过研究为期十周的培训中教师对试讲环节的评估发现，教师从最初的对教学技巧使用效果的关注变为更加注重整体的教学评估，受训教师对于课堂机制的关注减少，而对诸如课堂结构、班级凝聚力以及学生参与度这些方面的关注增加了。

① 译者注：University of Cambridge Local Examinations Syndicate，剑桥大学考试委员会。

随着教学原子论（atomistic）观点向教学整体论（holistic）观点的转变出现，大部分受训教师的教学信念由开始的课堂中以教师为本转向以学生为本。随着课程开展，这个变化体现在考虑问题时以教师为本越来越少，以学生为本越来越多。因此，尽管在最初阶段，教师非常在意管理课程的不同部分、使用教材、安排课堂报告和课程的呈现进度，但在后期他们的注意力转向课程对学生的影响。

（Richards，Ho & Giblin，1992：22）

此研究表明，教师在积累教学经验和深化对教学理解的同时，用以评估教学的标准也在发生变化，以反映他们的新设想、信念和认知水平。Richards，Ho & Giblin（1992）还发现教师的评估性决策会为接下来的计划性决策提供参考。因此，计划性决策、互动性决策和评估性决策是相互关联的。

思考与讨论

1. 你认为什么样的标准适合你评价教学效果？这些标准与你的教学信念有什么关系？

2. 回想一下你最近教过或听过的一堂课，关于这堂课你会如何回答本节的那些问题？这些问题的答案会怎样影响你下次课的计划性决策？

3. 如果你在教授一门课，在上课之前列出想要在这堂课上完成的主要任务。一堂课结束时，请学生用五分钟的时间写出下列问题的答案：

（1）你觉得这堂课的主要目标是什么？

（2）你认为你从这堂课中学到了什么？

（3）你最喜欢这堂课的哪些地方？为什么？

（4）你最不喜欢哪些地方？为什么？

学生写答案的时候，请你自己也写出后三个问题的答案。然后，将你的答案与学生的答案进行比较。这些答案有哪些相似和不同？学生是如何认识一堂课的目标的？他们是如何评估一堂课的价值的？

如果你在观课，在取得授课教师同意后，课后你自己来回答以下问题，并将你的答案与授课教师的答案进行对比：

（1）你觉得这堂课的主要目标是什么？

（2）你觉得学生从这堂课中学到了什么？

（3）你最喜欢这堂课的哪些地方？为什么？

4. 阅读附录 2 中评估课程和教学计划的标准，这些标准是否能用来评价你的课堂教学？为什么？列出你认为能被用于评估你的课堂的标准，并将其与同伴或同事列出的标准相比较，看是否有相似之处。

后续活动

一、教学日志活动

1. 如果你正在教授一门课，回想一下最近教过的一堂课：你是如何备课的？（例如你是否思考过本课的目标、想象过课堂活动？你是否搜集了可用的教学材料，并考虑过该如何使用？）在日志里记录下你准备这一堂课使用的方法。这是你备课的代表性方法吗？还是说它偏离了你常用的备课方法？

2. 反思你最近教过或听过的一堂课：上课时出现了哪些互动性决策？描述一下这些决策如何反映了你的（或那位教师的）教学信念。

3. 如果你在教授一门课，请在接下来的几周时间里，记录下你上课时用到的主要的互动性决策，并尝试使用 Johnson（1992b）（71 页）的标准或用你自己的标准对这些决策进行分类。你是否注意到你的教学决策存在某些模式？这些互动性决策是如何影响你的教学质量的？

二、录音录像任务

如果你在讲授一门课，对你的其中一堂课进行录音或录像。回顾这堂课，并记录下你做出的所有的互动性决策。是什么促使你做出这些决策的？采取这些行动步骤之前你考虑过哪些别的选择？这些决策如何反映出你对教学的部分信念？你认为你的决策是最恰当的吗？为什么？

如果你在观课，请先征得授课教师允许再进行录音或录像。回顾这堂课，尝试指出需要做出互动性决策的主要环节。授课教师做出了哪些决策？为什么？授课教师在每一点上还应该做出哪些决策？

三、课程报告任务

如果你在讲授一门课，使用附录 2 中的评估标准或者你自己的标准，记录下一或两周内你的评估性决策。你教学的哪些方面是你最满意的？哪些方面是有待改进的？

四、课堂观察任务

1. 安排观摩一堂教师准备了教学计划的课。观课时，记录下教师偏离教学计划的情况。课后和授课教师讨论你记录的信息。什么互动性决策促使授课教师偏离了教学计划？

2. 观摩一堂课，尝试找出这堂课上教师做出互动性决策的情况。描述这些决策，以及你认为教师这样做的原因。课后和授课教师讨论你的分析。该教师是否意识到自己还做了其他的互动性决策？你发现的这些决策在多大程度上符合 71 页中 Johnson（1992b）的分类？

五、同事观察任务

邀请一位同事来观摩你的课，并尝试找出出现互动性决策的主要课堂环节。课后讨论一下搜集到的信息，你的同事是否注意到了你在课堂中使用的重要的互动性决策的情况？你的同事成功指出的那些决策，他 / 她面对当时情况是否也会这么做？

行动研究案例 2

与学习者协商教学内容的行动研究

该项目是由一位在初中教授英语的教师完成的[①]。

一、研究问题的提出

我一直对学习什么和如何学习方面给学生更多发言权是否能促进学生更多地使用英语很感兴趣。我觉得如果让学生在课堂活动设计上扮演更重要的角色，他们的学习动力可能会更强，并可以更多地使用目的语。因为我对课程协商如何影响目的语运用这个问题很感兴趣，所以我提出了一个问题来指导我的行动研究：和学生一起协商教学内容和框架能否促进他们对目的语的使用？

二、计划

首先，我想知道学生想在课堂上做什么，因此我为他们设计了一个简单的调查问卷。我也请他们对下个单元学习中想要进行的活动提出建议。问卷调查结果显示，游戏是最受欢迎的活动类型。学生觉得游戏能促进他们学习和使用英语。

这个发现使我开始思考我过去怎样在课堂中设置游戏。以前我也在课堂上鼓励游戏，但往往是在学生完成了设定的教学活动后才开始游戏。所以，我计划了很多可以融入我的课程中的游戏。

三、行动

我用了四个不同的活动，它们本身是游戏，或者能引出游戏。当我在课堂上实施这些活动

① 该案例研究改编自 Stanley（1990）。

时，我邀请了一位同事来观摩我的课堂，重点关注学生的目的语使用情况。我也利用教学日志、录音带、记录本、访谈等形式来收集信息。

四、观察

通过收集到的材料，我发现学生们更积极地参与到英语会话中，每个人都能够参与，而且他们能够享受课堂上各种各样的活动。我的教学日志也显示，我花了越来越多的时间来计划我的课程，并思考如何将游戏整合到我的课堂中。

五、反思

我感到和学生进行课堂活动协商这一举措很成功。他们的目的语使用量与学习英语的热情都增加了。这个项目证实了我的想法：一是“做中学”学习效果最好，二是如果学生对学什么和怎么学有一定发言权，他们可以成功地学习一种语言。

附　录

附录 1　教学计划指南

一、目标：教什么？

1. 决定教学重点。如果教学重点是一个新的语言结构或者句式，你需要挑出重点关注的用法（见第五章[①]）。教学重点也可以是多个语言形式的特定功能（见第八章）。不管是上面哪种情况，列出课上要讲的语言形式，也可以以某种语言技能，如阅读、写作、听力或其他活动作为教学重点。此种情况不需要设计新的语言项目，但是这堂课还是要有重点或者主要目标，需要努力平衡不同类型的课堂活动（此处的建议详见第二章）。
2. 如果句式是教学重点的一部分，应该如何练习这些句式？是机械操练，适量的自由练习，还是全部的自由练习？这将决定课堂活动的类型。（见第六章或第二章）
3. 为课堂活动选择一个或多个你认为合适的情境（见第五章）。如果课本已经设定了情境，就思考一下应该如何设置或者引入这种情境。
4. 应该教授哪些适合这些情境的词汇？（见第五章）
5. 应该包括哪些语音问题或教学要点？（见第七章）

二、活动：怎么教？

1. 设计介绍和练习教学重点的各个阶段，并谨记你已设定的教学目标。
2. 规划好教学时间。课堂时间够用吗？会不会有剩余时间？
3. 如果时间不足，你得简化一下教学目标，野心不要太大。如果课堂时间有剩余，还有没有别的活动可以加进来（开始时是否需要热身活动？课程快结束时能否加入一个简短的活动？比如一首歌或一个游戏？）？
4. 此阶段你要考虑的问题有：你草拟的计划平衡了所有的课堂活动吗？不同技能（阅读、书写、口语等）的比例合适吗？教学过程中各个阶段的节奏是否根据学生注意力集中程度和倦怠程度的不同而有所变化、有张有弛？如果没有，做出一些适当的改变。
5. 确定并写出你草拟的计划和各阶段的时间安排。

---

① 附录 1 中的“见第 × 章”对应此部分作者引用内容所在的书，与本书章节无关。

三、辅助：你会用到哪些教学辅助手段？（见第三章）

1. 哪些可能是最有效的？
2. 是否足够多样化，足够吸引学生？
3. 你充分利用了这些手段吗？
4. 别忘了黑板是很好的辅助手段。认真准备你的板书。
5. 在已计划好的每个阶段旁边列出需要的辅助手段。

四、预测问题：哪里有可能出错？

1. 预测最有可能出现的偏误。为什么会有这些偏误？找出解决的方法。（见第四章）
2. 如果有的课让你觉得“有困难”，你应该在制订教学目标和设计具体教学计划以前阅读第十章的内容。
3. 如果在语音上出现严重问题，找出简短处理的策略或者加入一个适当的语音练习。（见第七章）
4. 请记住，无论如何精心准备，没有一堂课和事先计划的是一模一样的。灵活地实施计划是一位好教师的重要标志。另外，千万不要过度规划你的课程。有些时候，你必须基于自己的经验和本能对课堂的突发性事件做出正确判断。

现在，写下你完整的教学计划，在最开头说明教学目标。尽量简短、明晰，使其在教学中易于执行。

五、概述：这会是一堂成功的课吗？

最后在上课前考虑一下下列基本问题：

1. 学生可以在这堂课学到东西吗？（希望能够实现教学目标）
2. 他们会觉得上这堂课是一种享受吗？这堂课会比较有趣、多样化和令人满意吗？
3. 这堂课作为一个整体是否具有连贯性和目的性？
4. 这堂课和以前学过的知识有联系吗？是以学过的知识为基础的吗？
5. 我们能在这堂课中找到以后也适用的活动吗？这堂课能扩展出新的知识和练习吗？

〔经许可引自P. Hubbard, H. Jones, B. Thorton & R. Wheeler (1983), *A Training Course for TEFL*, pp. 319-321, Oxford University Press.〕

附录 2 备课、课堂教学和管理评估表

第一部分 备课评估表

根据受评人提供的记录对他 / 她的备课情况做出评价，包含以下方面：

	满意 *	评语
（1）与学校课程设置以及学生的社会 / 文化需求的联系		
（2）与现时工作的关联度		
（3）对本课学习需求的分析		
（4）本课学习目标		
（5）对本课英语语言需求的分析		
（6）本课的语言目标及其与语言层面上的英语能力和学习者个体或群体需求的相关性		
（7）教学材料的合理性		
（8）活动计划的合理性		
（9）课堂组织的合理性		
（10）总体的反种族主义视角		

* 如果满意，请打钩并写出评语。下同。

第二部分 课堂教学和管理评估表

对受评人提高汉语为母语的英语学习者英语水平的能力做出评价：

	满意	评语
（1）关于英语用法给出清晰讲解和范例		
（2）有效的师生互动		
（3）对整个课堂的有效组织和管理		
（4）多样化的活动		
（5）有效的教学材料		
（6）帮助学生理解		
（7）给学习者提供运用现有语言技能和知识的机会		
（8）给学生使用英语的机会		
（9）给学生提供小组中与同伴互动的机会		
（10）对学习的有效监控		
（11）为学习者个人学习和语言交际创造有利氛围		

〔经许可引自 M. J. Wallace (1991), *Training Foreign Language Teachers: A Reflective Approach*, pp. 138-139, Cambridge University Press.〕

第五章　教师角色

有许多因素对教师如何开展工作和采用何种策略实现教学目标产生影响。教学环境对教师的教学具有重要影响，不同的教学环境使教师处于不同的角色。例如，在一些教学机构中，教师的自主性很强，可以自己决定教学目标、教学材料、教学方法和评估过程，而有一些机构则是由管理者进行主要决策，教师只是决策的执行者，但教师仍会在课堂中扮演不同的角色。有些教师认为自己主要是管理和组织方面的角色。他们用大量时间备课，监测他们的教学，管理学生的学习行为，以确保教学目标的实现。从旁观者角度看，教师的这种角色更像是促进者，并且相信最好的教学方法就是在教与学的互动中产生的。本章我们所关注的是教师在教学机构中担任的角色，教师不同角色所承担的职责，教师在课堂里担任的角色，以及这些角色对教师教学风格的影响。

第一节　角色的性质

角色可以定义为交际活动参与者的任何行为（Ellis & McClintock，1990）。在一些互动中，角色是相对固定的（例如医生和病人或老师和学生）。但还有一些互动，角色是暂时的、开放的、有弹性的。例如在办公室里，一群同事可能会有不同等级的角色，如高级会计师、初级会计、会计助理。而在办公室以外的社会环境里，同一群同事，也可能出现平等的互动。在对一些角色进行比较时，如父母亲和孩子、医生和病人、飞行员与空中乘务员，我们发现他们具有以下特点：

- 都涉及不同的工作和不同层次的责任。
- 都涉及不同种类的关系和不同模式的互动与交流。
- 都涉及不同的权力关系。

Wright（1987）指出，有些角色主要是根据人们的工作来界定的，而另一些则是由工作所意味的人际关系来界定的。教师往往被认为是一种职业角色，学校性质和教学性质决定他们的教学方式，教学方式的不同取决于他们所在学校的类型。因此，教师会扮演不同的角色。除此以外，教师角色也受到教师采用的教学方法、个性、自身文化背景的影响。教师角色的多重维度是本章讨论的重点。

第二节　体现制度因素的教师角色

不同教育情境（如中学、大学、私立语言学校）的行政结构、文化背景和教学理念决定着教师角色。以下是一位中学教师在“传统”学校中的角色：

学校设有严格的等级结构：一位校长、几位资深教师和其他很多位教师。资深教师负责做主要决策，而一般教师负责大部分教学工作以及学校指派的其他任务。教学计划的制订和实施都缺乏对实际教学情况和教师如何教学的持续关注；学生很少有机会选择自己喜欢的课程，所学课程决定于教师对学生能力的预测和考试结果，科学与艺术类课程是大多数学生的选择。

其他学校则承担着完全不同的职能。如在私立语言学院中，教师的职责是：

学校没有固定的等级结构，教师的角色更有弹性，而且角色会轮流交换。同样，学生没有固定的课程。当学生进入某个项目后，教师必须满足学生的需求，为他们开发适合的课程。在课堂上，教师和学生通过协商制订教学内容。

许多教师更愿意在可以自己决定课程目标和教学内容的学校中工作，他们能决定自己如何教学和管控自己的课堂。以下是对一些中学英语教师（数量 = 30）在学校中所承担责任的调查，数字表示调查数据的平均值。

表 5-1

请选择表达你想法的数字；0 是“无责任”，5 是“全部责任”。

	实际	应有
a. 了解学习者的交际需要	3.64	4.68
b. 选择教学大纲内容并进行分级	2.79	4.46
c. 将学习者分成不同的组别或进行不同的学习安排	1.79	3.82
d. 选择 / 创造教学材料和课堂活动	4.50	4.71
e. 监测和评估学习者的进步	4.36	4.57
f. 课程评价	3.54	4.32

说明：表中“实际”指“实际上你承担的主要责任”；“应有”指“你认为自己应该承担的责任”。

如果比较一下教师实际承担的责任和他们应该承担的责任，我们就会发现教师愿意承担更多的责任。特别是在发现需求、选择内容和给内容划分等级、给学生划分级别以及课程评估方面，教师愿意承担更多责任。

在一些教育机构中，教师要扮演很多角色，包括：

需求分析者（needs analyst）。教师通过机构设置的程序来了解学生需求（如结构化面试），再通过这些信息来规划和开发课程。

课程开发者。教师根据学生需求来开发适合学生的教学大纲，制订教学计划。

教材开发者。教师可以选择已出版的教学材料，也可以自己编写。

辅导员。鼓励教师发现有问题和学习困难的学生，并为需要的学生提出个人建议。

导师。资深教师用自身专业发展的经验帮助新手教师。

团队成员。鼓励教师进行团队合作，而不是脱离其他教师，并鼓励他们参与合作活动，如协同教学。

研究者。鼓励教师进行语言学习和教学的相关研究，包括教师研究自己的课堂教学。

专家。鼓励教师持续发展，参加研讨会和会议，阅读该领域的专业期刊，并加入相关专业组织。

当教师承担这些角色时，需要具备新的技能，也需要制度支持。澳大利亚成人移民教育项目（Australian Adult Migrant Education Program）就是一个国家级大项目的例证，该项目是基于“以学习者为中心”的协商课程为理念设计而成的。课程内容由教师和学生共同协商，包括：

> 需求分析；师生共同设置教学目标；共同选择合适的教学方法、教学材料和学习活动；分享评估与自评程序。
>
> （Nunan，1988：36）

Bartlett & Butler（1985）在澳大利亚模式的研究中发现，教师还需要做以下几方面的工作：

> **需求评估技能**。教师需要掌握进行需求分析的工具和程序。
>
> **课程指导**。教师需要开发课程的教学框架。
>
> **使用双语协商课程**。教师需要具有双语能力，以便与学生协商课程。
>
> **可持续性计划**。为了使计划具有可持续性，教师需具备一定的项目管理能力。
>
> **教育咨询**。由于学生需求的范围和多样性，教师需要教育顾问的支持，课程开发者的支持，以及能够指导学生融入集体的人的支持。
>
> **解决冲突**。协商课程时需要教师具备解决冲突的能力。
>
> **教师角色的规范**。教师角色要求需明确规范。
>
> （Bartlett & Butler，1985：112 ～ 113）

思考与讨论

1. 教师怎样才能更好地了解自己在课堂中的角色和学习者对教师角色的期望？当教师和学习者对教师角色有不同的期望时，应该如何避免产生误解？

2. 83 页中列出的教师在学校中扮演的角色，哪些是你熟悉的？

3. 教师在机构中还有别的角色吗？

4. 这些角色对教师教学有哪些利弊？

5. 你认为教师在机构中理想的角色是什么？机构怎样支持他们担当这些角色？

第三节　体现教学方法的教师角色

在课堂教学中，教师角色也会受到教师教学方法的影响。虽然不是所有教师都认为自己在使用某种特定的方法（如交际教学法、过程写作法、整体语言教学法），但很多教师确实用这些术语描述他们的教学，并且可能接受过在工作中运用某种特定方法的训练。毫无疑问，每种方法都是对教师角色或是学生学习的一种特定的假设。一些方法阐明了教师在课堂中的角色，也规定了教师哪些行为可以做，哪些不能做。例如，直接法（Direct Method）是第一个用于外语教学的口语教学法。直接法用特定的术语描述了教师职责并提出教师要遵循下列指导方针：

- 从不翻译：论证
- 从不解释：用行为表示
- 从不发表演说：问问题
- 从不模仿别人的错误：纠正
- 从不说单个的词：用句子
- 从不说得太多：让学生多讲
- 从不用书：用你的教案
- 从不跳来跳去：按照你的教案去做
- 从不走得太快：要和学生的步伐保持一致
- 从不说得太慢：正常说话
- 从不说得太快：正常说话
- 从不说得太大声：正常说话
- 从不不耐烦：要从容

（Titone，1968：100 ～ 101）

最近在主流教育中用到的教学模式叫作积极教学法（Active Teaching，主要关注教师吸引学生在课堂上有效学习的能力），该方法认为教师的主要角色是管理和监督学生的学习行为。为达到这种教学水平，教师必须要：

- 通过下列行为进行清晰地沟通：
  做出精准的指导
  详述任务及评估标准
  提供新信息的解释、概括、总结和复习
- 通过下列行为参与管理：
  维护重点任务
  进行逐步地适当地指导
  提高学生参与度
  沟通预期效果
- 通过下列行为监测进展：
  经常检查任务的完成情况
  调整指令，使其更为准确
- 通过下列行为提供即时反馈：
  当学生成功时，及时告知他们
  告诉学生如何获得成功

（Tikunoff，1985a：135）

其他教学方法，如合作学习（Kagan，1987；Kessler，1992），教学不太依赖教师的指导，而是通过更多的小组合作和双人活动的方法。合作学习重新界定了教师和学生的角色，在这个过程中，教师的角色是：

- 与学生共同管理课堂互动与学习。
- 构建学习环境，学生通过合作实现学习目标。
- 通过小组学习与合作解决问题等方式促进课堂的语言互动。
- 选择信息共享、合作学习、分享观点和澄清价值等课堂任务。
- 协调小组活动。
- 进行澄清和反馈，增强学生学习动机。

（Hyland，1991）

语言教学法（methods and approaches），比如听说教学法（Audiolingualism）、交际教学法和全身反应教学法（Total Physical Response），为教师和学生设定了特定的角色。听说教学法指的是：

以教师为主导的方法。教师模仿目标语、掌控方向和学习进度、监控并纠正学生的表现，教师必须通过不同的练习和任务以及选择相关的场景练习结构来让学生保持专注。

（Richards & Rodgers，1986：56）

在交际教学法中，教师有两个主要角色：

一是促进课堂里所有参与者之间的交流，促进参与者和不同的活动、不同文本材料之间的交流；二是作为教学小组中独立的参与者。这两个角色目标密切相关，且后者产生于前者。这两个角色反映出教师一系列的次要角色：资源组织者和资源本身；课堂流程和活动的引导者……三是研究者和学习者，教师要具有一定的知识和能力，了解学习的本质，具有组织能力。

（Breen & Candlin，1980：99）

在全身反应教学法中：

教师最初的角色是所有学生行为的指导者，学生是教师非言语行为的模仿者。在某一时刻，通常在 10 到 20 小时的授课之后，一些学生“愿意讲话”，此时会出现角色转换，由个别的学生来主导教师和其他学生。

（Larsen-Freeman，1986：116）

20 世纪 60 年代以来，普通教育和第二语言教学从以教师为中心转向以学生为中心，对传统的教师角色进行重新审视。然而，即便是所谓的创新方法，仍需要教师在课堂中扮演特定的角色，促进语言习得的过程。

思考与讨论

1. 你相信或尝试着采用某种教学方法吗？此种教学方法中教师是什么角色？
2. 你喜欢的教学方法中，鼓励或不鼓励哪些教学行为？

3. 比较你熟悉的两种教学方法。在这两种方法中教师角色有什么相似之处?

4. 如果你在授课，对于一个听课者而言，哪些课堂行为反映了你的教学方法?如果你在听课，哪些课堂行为反映出该教师正在遵循的教学方法?

第四节 体现个人教学观点的教师角色

虽然很多教师所在的教育机构会要求教师使用某种特定的方法，或在某种教学理念和特定框架中教学。但在具体情境中，教师对最佳方案可能经常有自己的见解。对许多教师而言，教学方法是教师基于经验得出的非常个人化的东西，要根据具体情境的需要而定。在课堂中，教师通过自己的教学理论和他们认为最支持这些理论的最佳课堂互动方式来构建自己在课堂的角色。以下是教师对于如何看待自我角色的表述:

- 我认为，在我的班里，每个孩子都有学习能力，尽管他们并没有意识到这一点。我尽可能鼓励每个学生发现自己的长处，并帮助他们在自己擅长的方面取得成功。
- 我认为，当班级比较具有凝聚力且聪明的学生又不会被差生拖后腿的时候，学生学得最好。安排座位时，我把爱捣乱的学生安排在教室前面，把比较聪明的学生安排在一起，他们可以互相激励。
- 我鼓励学生学习自己感兴趣的东西。我认为小组学习更有效，因为在小组里他们可以互相学习。我不喜欢考试。我尽量用其他方法激励学生。
- 在班里，我鼓励高质量的学习。我觉得学生并不能从错误里学到什么，我一直坚持学生交作业之前必须认真检查。
- 我觉得认真准备的课才是好的课。我发现，如果有一个详细的教学计划，教课会更简单。我发现，如果在课堂上我清楚地知道我要做什么以及我需要学生们做什么，课堂时间就会利用得更有效率。
- 我认为，学生必须要学会独立思考。他们要知道，自主学到的东西并不比从我这里学到的少。我只是帮助他们学习。我喜欢让我的课程更加灵活，这样学生就能决定他们想要学习什么，什么才是最佳的学习方式。

这样的叙述表明，教师对他们的角色有不同的看法。这些角色可能并不是教师所在教学机构的要求，与他们特定的教学方法也没有关系。教师可能会选择如下这些角色:

计划者。教师把学习活动的计划和组织看作教学和学习成功的基础。

管理者。教师的角色就是组织和管理课堂环境和学生行为，使学习效果最大化。

质量控制者。教师的核心任务是保证课堂中语言的使用质量，强化语言的正确使用，不使用错误的用法。

团队组织者。教师的作用是创造一种氛围，使学生可以通过小组合作完成任务。

促进者。教师的作用是帮助学生发现适合自己的学习方法并能独立学习。

激励者。教师试图提高学生学习的自信心和兴趣，建立一种可以激励学生的课堂氛围。

授权者。教师尽可能减少对课堂的控制或指导，让学生决定他们想要学什么和怎么学习。

团队成员。教师和班里所有学生组成一个团队，教师像队员一样与学生互动。

这些角色经常重叠在一起，而且教师不可能满足所有人的所有需求，教师的角色也有可能在课堂中发生变化。例如，在课程开始阶段，教师给出新的语言形式，这时教师主要关注的是计划和质量的控制。在课程后半段，学生自主学习的时候，教师是促进者的角色。教师对角色的理解决定了教师教学方法的不同，决定了教师对高效教学理解的不同，也决定了课堂行为和课堂互动的不同方式（见第七章）。因此，教师对其课堂角色的个人观点影响了他们对以下教学维度的回答：

课堂管理和组织。教师如何确立课堂规范、程序和纪律？他们采取哪种座位排列方式？

教师控制。在课堂中，教师如何把自己的表现控制在一个可接受的水平之中？

课程、内容和计划。教师如何进行教学计划、教学组织和课程安排？

指导策略。教师倾向于采用哪种教学方法和课堂活动？

激励技巧。教师采用何种策略营造课堂氛围、激发学生学习动机？

评估理念。教师采用何种评估方式？

因此，教师的教学风格可能取决于该教师对教师课堂作用的理解，这与教师的信念体系也有关系（见第二章）。

思考与讨论

1. 阅读 87 ～ 88 页有关教师角色的内容。教师有时还会为自己选择哪些其他的角色？

2. 阅读本节有关教师如何看待自己角色的六条叙述（87 页），将它们与问题 1 中涉及的教师角色连线。

3. 如果你正在教授某个班级，你觉得随着教学经验的增加，你作为教师的个人角色变化了吗？如果有变化，是什么引起了这些变化？

4. 就教师如何看待自己在课堂中的角色问题访谈两三位教师。他们对于自己角色的看法有哪些假设？这些角色是如何影响他们的课堂行为和课堂活动的？和你的同伴或同事进行讨论。

第五节　教师角色的文化因素

教学是一项与文化假设密切相关的活动，涉及教师、教学和学习者。这些假设反映出教师认定的应承担的责任是哪些，以及教师对学习和学生课堂互动方式的理解。在某些文化中，教学被视为由教师控制的、定向的过程。例如，中国人对学习的态度可以总结为以下几条：

学习就是掌握一系列知识；为了使学生相对容易地吸收，教师把这些知识一点点地教给学生；教师和学生都与学习的最终结果有关，即在适当的时候，教师希望学生可以像当初教师教授的那样，把知识以同样的形式再生产出来。

（Brick，1991：154）

这种对教学的态度可能与西方语言教师的理念是不同的。西方教育理念更看重学习者的个人创造力，鼓励教师促进学生学习，让学生独立学习。西方教育强调归纳法，而不是演绎法，强调合作性安排，如小组学习，鼓励学习者为自己的学习承担责任。这些关于教学的文化假设的不同和教师角色的不同可能导致师生对教学持有不同的期待，如下例所示：

- 当我试图了解学生想从我的课上学到什么东西的时候，学生表现得很惊讶。他们认为我应该知道他们要学什么，没有必要问他们。（美国教师在教授一个面向外国学生的美国项目）
- 如果我在教科书上读到什么，我认为它肯定是对的，我一般不会质疑课本上的英文知识。毕竟编写教科书的人是英语方面的专家。（中国的英语教师）
- 当我在课堂上展示一篇阅读材料时，学生希望我逐字逐句地读一遍，解释每一个生词或语法点。如果我让他们自己做或是让他们理解大意，他们就很不自在。（埃及的英语教师）
- 如果学生没学好，那是我的错误，我讲解得不够清楚。如果学生有些东西不理解，我一定要找到一个讲得更清楚的方法。（中国台湾的英语教师）
- 如果我做小组活动或者是开放型的交际活动，学生和别的同事会觉得我并没有真正地教他们。他们会认为我没有为这节课准备什么东西，只是拖延时间。（日本的英语教师）
- 人们期望我在英语方面是个专家，能回答学生所有的问题，否则他们会觉得我很懒，不够资格。（巴西英语教师）

语言学习者和语言教师所持有的关于语言学习的许多假设都反映了那些源于他们特定的文化背景的态度。这些态度影响了双方对彼此的期待。当这些期待相矛盾时，就可能出现误解。虽然有些时候，误解是无法避免的，但可以通过加深对其来源的了解，使误解最小化。

思考与讨论

1. 在你熟悉的情境中，文化因素如何影响教师角色？当教师和学习者来自不同的文化背景时，他们会产生误解吗？

2. 仔细阅读本小节有关教师的六段叙述（89 页）。每段叙述反映了什么问题？每段叙述以何种方式反映了文化假设？根据一个人的文化背景，这些假设有哪些不同？

后续活动

一、教学日志活动

1. 在这星期的日志中，描述你是如何看待自己的教师角色或职前教师角色的。从潜在信念和外部因素（如制度、文化）反思你的教师角色。讨论你的教师角色如何影响了你现在或未来的教学。

2. 如果你在教授一个班级，请回忆你在课堂上是如何与学生互动的。哪些角色是你在教学中努力实现的？是否成功？如果你在观课，请描述你的合作教师是如何解决上面的问题的。以下这些问题可能有助于你撰写反思日志：

（1）我或者我的合作教师用什么方法满足了学习者的需求？

（2）我是否尽量鼓励学生积极参与课堂活动？我是怎么做的？

（3）我是如何针对学生的努力给予反馈的？

（4）我支持或反对哪些课堂行为或活动？

（5）我是如何进行有效课堂控制的？

二、录音任务

录一节你的或者某位教师的课，听录音并判断自己在课堂中的角色或者那位教师的角色。思考以下问题：

（1）你认为你（或那位教师）能够控制课堂吗？

（2）你（或那位教师）使用哪些方法鼓励学生参与到课堂中来？

（3）学习者在课堂中扮演什么角色？

（4）你（或那位教师）如何基于学生的表现做出反馈？

（5）误解出现时，你（或那位教师）是如何处理的？

（6）上课时是何种交际模式？

（7）你（或那位教师）在课堂上如何激发并保持学生的学习兴趣？

（8）听完录音，你如何界定自己（或那位教师）的教学风格？

三、课堂观察任务

1. 观察两位教师的课，记录他们在课堂中是如何完成以下这些任务的：

（1）给出指令

（2）提高学生课堂参与度

（3）监控学生表现

（4）提供反馈

两位教师在处理这些教学任务上，采取相似或不同的方式了吗？如果有不同之处，那么这些不同之处是否反映了教师对于教师角色的不同观点？

2. 观摩一堂语言课并重点关注教师的角色。你如何描述教师的基本角色？你观察的哪些行为反映了这些角色？

四、同事观察任务

如果你在教课，邀请你的同事观摩你的课，重点观摩你在课堂中的角色。从 87 ～ 88 页讨论的角色（计划者、管理者、质量控制者、团体组织者、促进者、激励者、授权者和团队成员）中选取一个或多个角色，或者选择其他角色。你的同事应该记录下你是如何在教学中塑造这些角色的。讨论这些观摩数据，看看观摩者的理解与你对教师角色的理解是否相同。

行动研究案例 3

重议教师与学习者角色以增强学生学习动机

本项目是由一位身处 ESL 环境中的中学英语教师完成的。

一、最初的思考

我的学生是工薪阶层家庭的青少年，相对来说，这个年纪的学生学习动机不强，其中一些惹是生非的学生给班级管理制造了麻烦，也不愿意做布置的课堂任务。班级水平参差不齐。一般来说，对待这样的班级，我的方式是严格管理，布置大量的作业，尽可能地近距离监管，把课上时间都排满。但我觉得这种方式不是很好，所以我想试试看如果我改变自己在课堂上的角色，增加一个学生之间协商要进行的活动的合作学习体系，会发生什么事情。我想知道，这种方法是否能够增强他们的学习动机，减少课堂管理的问题。

二、计划

我决定和班里的所有学生建立合作关系，这里包括学生最感兴趣的教学内容（如写作、语法、阅读、听力、口语），以及他们希望采取的学习评价方式。每节课的第一部分，我会面向全班进行15分钟的授课。课上剩下的时间，学生可以独立学习自己选择的内容，也可以成对学习，或者分组学习。我还会给许多学生布置附加任务，满足他们的学习需求。

三、行动

我向全班介绍了合作学习体系以及如何在班里运作这个体系。我在墙上贴了张表格，上面显示了学生在不同时间的学习内容。开始实施后，效果非常好。虽然教室里有点吵，但学生更专注于他们的任务，我也可以在教室里来回走动，指导单个学生或者小组的学习。学生都安心学习，很少互相干扰。

四、观察

我认为合作学习确实增强了学生的积极性，因为学生选择了他们想学的东西，并且他们把我的角色定义为促进者。大多数学生在他们的考试中取得了很好的成绩。在学期末，我会发给学生一个评价表，询问他们对于合作学习体系的看法。他们的评价都是积极的。学生表示，他们很高兴能有机会在每节课中选择自己想学的东西并提前知道需要什么知识。

五、反思

我已经知道如何更有效地和我以前所认为的“问题学生”交流，也知道了如果学生在学习内容和方法上投入更多，他们会学得更好。然而，学生在做选择和时间管理方面仍需要指导。我发现，成功的合作学习体系需要我改变自己的课堂角色。比起原来的纪律至上，我更喜欢自己作为促进者的角色。

第六章　语言课堂结构

课堂教学是很容易辨别的活动，通常发生在特定的环境，例如学校或教室，往往包括教师和学生两类参与者。它通常由许多可识别的各种活动组成，例如教师在教室前面给学生授课，提出相关的问题并请学生回答。课堂教学也因此有别于会议、辩论、讨论、审判等其他言语活动。

其他言语活动和教学活动一样具有清晰的结构。课堂教学以特定的方式开始，通过一系列教与学的活动不断推进并得出结论。这种结构或组织模式是教师试图管理好教学过程的结果，该过程会优化可用时间的学习量。Wong-Fillmore（1985）观察到：

> 课堂的组织方式和教学安排很大程度上决定了学生在教室中听到和用到的语言的属性……两组特征可以区分课堂教学是否服务于语言学习：第一组特征与组织课程和教学的方式有关；第二组特征与课堂上语言运用方式有关。
>
> （Wong-Fillmore，1985：23 ～ 24）

对主流课堂教学的研究发现，当教师有效组织课堂时，他们：

- 通过对之前所学课程的简短回顾导入课程。
- 通过简短的目标陈述导入课程。
- 在学生分步练习后，逐次提供新的材料。
- 给出清楚细致的指令和解释。
- 为所有学生提供高质量的主动练习的机会。
- 提出大量问题，检查学生的理解力，并获得学生的反馈。
- 在最初的练习中引导学生。
- 提供系统反馈与修正。
- 提供明确的指令和课堂作业，如有必要，监督学生做课堂作业。

（Rosenshine & Stevens，1986：377）

本章关注的是如何有序地组织课堂教学，以及如何保证课堂教学效果，也就是我们常说的课程结构化（structuring）。我们将从以下四个维度聚焦课程结构化：

导入。一节课如何开始。

步骤（sequencing）。一节课如何分成若干环节，以及各环节之间如何相互联系。

进度（pacing）。如何使课堂有动感。

收尾。课堂如何结束。

第一节　课堂导入

课堂导入（opening of lessons）由教师的一系列活动步骤组成，这些活动旨在使学生将注意力集中到课程目标上。教学研究表明课堂导入通常是在上课的前五分钟，此部分会对学生一堂课学习的知识量产生重要影响（Kindsvatter，Wilen & Ishler，1988）。Wong-Fillmore（1985）在对美国三年级和五年级英语水平学生的纵向研究中发现，高效的语言学习课堂是：

正式的、定期的，并且界限分明。小组教学的开始通常以学生身体方位的变化或其他移动为标志……例如，学生移动座椅面向其他人。教师音质或音量的变化往往是这一类事件开始的标志，有时教师位置或姿势的变化也会有相同的作用，这些变化都可以唤起小组的注意。

（Wong-Fillmore，1985：27）

课堂导入可以有很多目的，比如特定的课程导入可以用来：

- 帮助学生将新课程和上节课或以前的课程联系起来（认知贡献）。
- 评估相关知识（认知贡献）。
- 营造恰当的学习氛围，即让学习者准备好跟随课堂的节奏（认知贡献或情感贡献）。
- 给学生调整进入状态的时间——当学生从一个完全不同的环境中进入课堂时尤为重要（务实贡献）。
- 减少学生迟到对课堂的干扰（务实贡献）。

（McGrath，Davies & Mulphin，1992：92～93）

导入的方式反映出教师一系列有意识或无意识的决定。教师有许多可供选择的导入方式。比如，教师可以选择：

- 描述课程目标。
- 阐述关于本节课学生需要掌握的信息或技能。
- 描述课程 / 活动与实际需要的关系。
- 告诉学生在课堂中需要做的事情。

- 阐述课程 / 活动与即将到来的测验或考试的关系。
- 不加解释地开展一项活动。
- 回顾本次课与前一次课之间的联系。
- 鼓励学生，告诉他们会喜欢本节课要做的事情。
- 做一些有助于唤起学生学习兴趣或增强学习动机的事情。
- 回顾上次课学习的内容。
- 预览课程。

导入的**目的**决定了教师以什么类型的活动或策略进行导入（见附录 1）。Rosenshine & Stevens（1986：381）举例指出，以一个简短的复习作为导入可以为学生提供额外的机会去学习以前学过的内容。并且让教师能够纠正学生错误，重新教授学生有困难的部分。与之同步的可以是：

- 针对前一课中的某些概念或技能进行提问。
- 从前一课或家庭作业中选取内容，在课堂刚开始的时候进行小测验。
- 将学生分成 2 ～ 4 人的小组，评述家庭作业。
- 让学生准备有关前面各课或家庭作业的问题，学生可以就这些问题互问互答，也可以由教师向全班学生提问。
- 要求学生准备前一课的书面总结。
- 教师为学生解答家庭作业中的问题，并且对已学内容进行回顾、再教授一遍或提供补充练习。

McGrath 等（1992：105）在他们关于非英语母语的成人英语学习和现代语言的研究中发现，提供导入的主要作用是原则上“建立一个适当的学习情感框架，在较小程度上建立一个适当的认知框架”。他们还发现学生对于导入的作用非常敏感。

课堂的这些特征是如何影响语言学习的？虽然关于第二语言课堂教学导入的相关研究较少（可以参见 McGrath 等人 1992 年的研究），但是 Wong-Fillmore（1985）认为导入以及其他课堂中的边界标记（比如过渡或收尾）有助于构建整个课堂结构，同时给予学生关于课堂期待和课堂准备的意识。

> 教师所运用的模式化的起始措施标识出既定事件何时开始，因此学生可以获知什么时候需要集中注意力以及什么时候听讲。
>
> （Wong-Fillmore，1985：28）

接下来的这份课堂记录展示了针对非英语母语学生的中级英语语言艺术班的教师是如何处理课堂导入环节的。在与学生问好并处理非教学事件后，教师进入了导入环节：

师：上一次我们学习了修辞格。我们已经探讨了三种不同类型的修辞格。谁还记得是哪三种类型？ Mary？

生：拟人、明喻和暗喻。

师：好，我把这些类型写在黑板上。现在谁能告诉我什么是拟人？ Juan？

生：让无生命的物体像人那样行动。

师：好的，就是这样。那什么是明喻呢？……好的，Cecilia？

生：用“like”或“as”对比两件事物。

师：很好。我来把这些写在黑板上。还有一个——暗喻。Paul？

生：暗喻就是我们将两种事物做比喻，但是我们的比喻中不用“like”或“as”。

师：十分正确。因此它其实比明喻更加直接。我们几周前讲过的一首诗，你们还记得吗？还能不能回忆起诗歌中用拟人的那句，就是一个无生命的物体表现得像人那样？

生：月亮在夜里行走。

师：没错，“月亮在夜里行走”。月亮能用脚走路吗？

生：不能。

师：是的。所以这就是拟人。好的，今天我们的课是关于暗喻的，我们之前已经学习了明喻，也简单介绍了暗喻。现在我们来看看它们有哪些共同之处。顺便说一句，你们都带歌曲来了吗？

生：是的。

师：上星期我要求你们分享歌曲，这星期我要和你们分享一首我喜欢的歌曲。我选了一首 Simon 和 Garfunkel 的歌。

（全班一起听歌曲《我是一块石头》，并讨论歌词中出现的暗喻现象。）

这位教师选择了几个导入的策略。她与上一课联系起来，预习了本课。然后，她用一首歌来引起学生的兴趣并进一步解释了暗喻。

思考与讨论：

1. 回顾 94 ～ 95 页关于课堂导入的方式，哪些策略是你（或你观察的教师）最经常使用的？你（或那位教师）有没有使用一些其中没有出现的策略？使用这些策略的目的是什么？

2. 仔细阅读附录 1 中列出的课堂导入目的与相关课堂活动。你能为目的列表加入一些新的内容吗？从表里选出其中一个项目的目的，写出其他能够用来实现这一目的的活动作为例子。

3. 你正教授中级阅读课，是来自于杂志的关于拳击运动危险性的文章。想出一个合适的方法导入课文。你的导入方法和 94 ～ 95 页上的某个策略相匹配吗？

4. 再次阅读 96 页关于导入的课堂记录，这位教师用到了 94 ～ 95 页中的多少项策略？

第二节　课堂活动步骤

课堂组织的另一方面就是课程本身的结构。大多数课不只有单一的一个活动，更确切地说，为了实现每课的总体目标，教师在分析课程的总体目标和教学内容后策划了一系列活动。这种课堂中，子活动的发生顺序为课程建立了一种格式或者说脚本。有经验的教师在规划特定类型的课程时，脑中通常会有一个心理范式，比如阅读课、写作课、听力课对应的范式等。这种范式反映了该课程各组成活动的步骤。

Wong-Fillmore（1985）指出在她所观察的三年级和五年级的阅读课中，教师遵循的典型课程范式（lesson format）是：

- 展示课文中新的词汇项目。
- 引导学生讨论生词的含义、用法，并把生词同已经学过的词联系起来。
- 让小组一起朗读表中的生词。
- 让小组默读课文。
- 学生依次阅读课文中的段落。
- 同学生讨论课文的含义。
- 布置需要独立完成的课堂作业。

（Wong-Fillmore，1985：29）

在第二语言和外语教学中，为了构建课程内在结构，大量教学原则应运而生。这些原则是基于对第二语言学习中各方面潜在技巧和过程的不同见解，以及使学习更加高效的目的。以下是摘自不同流派 ESL 方法论书籍中的一些例子：

- 简单的活动应该先于复杂的活动。
- 接受性技能训练活动应该先于产出性技能训练活动。
- 学生在用语法规则前要首先学会它。
- 学生要先练习时态或者语法结构，再学习潜在的规则。
- 活动要先注重准确，其次才是熟练。
- 从机械性的或基于形式的活动练习到有意义的活动需要一个过程。

这些原则经常反映某一特定的方法论。例如，情境语言教学法（situational language teaching）（参见 Richards & Rodgers，1986）中，课堂活动的模式是：

（1）**呈现**。介绍或呈现新结构。

（2）**可控的练习**。学习者在教师的引导和控制下，集中练习这个结构。

（3）**自由练习**。学生在不受教师任何控制的情况下，使用这个结构。

（4）**检查**。教师引出新结构的应用，检查学生的学习情况。

（5）**深入练习**。在新的情境下练习这个结构，或者和其他结构一起使用。

（Hubbard 等，1983）

在交际教学法的教学中，经常按如下顺序开展活动：

（1）**前交际活动**。注重呈现结构、功能和词汇准确性的活动。

（2）**交际活动**。注重信息共享的熟练性交际活动。

（Littlewood，1986）

附录 2 是一本交际听说教材（出自 Jones & von Baeyer，1983）中题为《给出观点、同意、反对和讨论》单元的一部分，呈现的就是这样的顺序：从引入本单元中功能和词汇的一段对话开始，接下来的练习关注表达意见时用到的功能性表达方式，之后的两个练习是针对给出意见的流利性的活动。这个单元其他部分呈现和练习的语法功能都沿用了这种顺序进行讲解。

在基于过程研究法的写作教学中，常运用以下活动顺序：

（1）**写作前活动**。设计多项活动，用来激发写作灵感或将作者的注意力集中于特定话题。

（2）**拟稿活动**。考虑读者和目的，学生撰写作文的初稿。

（3）**修改活动**。学生再次阅读、分析、编辑并润色他们的作品。

（Proett & Gill，1986）

附录 3 是一个选自论文写作教材（出自 Leki，1989）的此类例子。教师首先向学生介绍一些寻找灵感和准备文章的技巧。接下来的一系列活动帮助学生在他们想法的基础上撰写初稿。之后的活动要求学生修改润色他们的初稿。

与写作课类似，ESL 的阅读课教学也经常被分为三个阶段。例如，Nuttall（1982）列出了下列在阅读课中的活动：

（1）**阅读前活动。**学生阅读课文的准备活动，这样的活动可能包括提供阅读的理由、介绍课文、解构课文、解决新出现的语言现象以及问一些关键性问题。

（2）**阅读中活动。**学生以个人、分组或者全班一起的形式完成阅读。

（3）**阅读后活动。**该活动旨在使学生基于评价或者个人感受对课文有一个全面的理解。此类活动还可以包括引导学生提出个人经历，将文章内容和个人经历联系起来，在这篇课文和其他文章之间建立联系，评价角色、事件、想法和观点。

（Nuttall，1982）

附录 4 以高级阅读技巧的一篇课文（出自 Barr，Clegg & Wallace，1981）为例，说明了此类阅读课的顺序。学生阅读一篇关于选择住所的文章之前，在教师的引导下通过一系列活动归纳文章的主要思想。接下来学生逐章完成阅读。阅读活动还包括预测和收集信息。读完课文后，学生还要完成理解和评价课文的任务。

教师经常会开发出他们自己独特的课程形式，并在他们接受培训的课程形式中展出个性化模式。Wong-Fillmore（1985）指出，有经验的教师通常在他们的课程组织和特定类型课程教学的子活动的顺序上模式保持一致。尽管有时候这被视为是缺乏想象力、刻板的教学行为，但对学习者是有利的。

一旦习惯了某一学科特定的教学子活动顺序，他们就可以轻松跟上课程而不必每天都重新考虑课程中又发生了什么。他们知道自己在课程的各个阶段要做什么和有什么收获，因此他们能预知自己每天要学的内容。

（Wong-Fillmore，1985：29）

当把一节课分成若干子活动时，教师还需要考虑在课文中一个子活动与另一个子活动之间的衔接（transitions）。对初级水平课堂教学的研究表明，在这类课堂里，每天有超过 30 次的主要衔接，几乎占整个课堂时间的 15%（Doyle，1986）。在许多 ESL 教学的课堂上，尤其是双人或小组模式的注重交际活动的课堂上，常有因不同的活动而重新分组的情况，不同活动的衔接时间值得注意。

Doyle（1986）指出，有经验的教师清楚地标记从哪儿开始衔接，并积极地安排衔接，尽可能地把课堂活动转换期间对课堂活力的副作用降到最小。而另一个方面，表现欠佳的教师倾向于将之与教学活动混合在一起，在转换中难以掌控课堂环节，花费过长的时间来完成课堂环节中的转换。因此，有效的衔接有助于保持学生的注意力，并在相邻的两个活动中建立联系。

教师通过提示与相互协商来衔接，它标志着一种变化的开始、重新获得学生关注或者是一个新环节的开始。教师处理衔接的方式取决于衔接的本质属性。例如，与从一个话题到另一个话题所用时间相比，将教室中做课堂作业的学生重新安排、组织小组活动，花费的时间更长。教师必须考虑到以下一些会影响到如何处理衔接的决定：

- 当分组安排发生变化时，如何维持正常的课程进度？
- 学生在两个活动之间做什么？
- 什么时候告诉学生教学活动的目标？

教师对这些问题提供了一些解决方案：

- 我常常预先设想并规划好自己该如何处理衔接的次数。例如，我可能在黑板上写一个练习的作业，这样一些学生可以在其他人还在拿书的时候就开始做作业。
- 我把本课的目标写在黑板上，这样学生就可以看到课堂中不同活动之间是如何衔接的。对于我教的每个班级，在每个新学期的开始，我都会为诸如发书、分组、交作业等制订规则和程序。

思考与讨论

1. 回想一下你教过的（或者观摩过的）具有代表性的课，比如阅读课、写作课、听力课或口语课。这类课通常遵循什么模式（即课堂活动采用什么样的顺序）？采用这种模式的原则和理念是什么？

2. 如果你在教一个班级，你是否对经常教的课形成了个性化模式？这个模式包括什么？为什么要用这种模式？把你的模式与同样教授这门课的其他教师的模式进行比较。如果你在观课，授课教师有个性化的模式吗？

3. 使用设定的课程模式对学习者有哪些好处？对教师有哪些好处？使用这种既定的模式有缺点吗？

4. 选择一个你熟悉的本章讨论的教学法，比如听说教学法和缄默教学法（Silent Way）。此种教学法中代表性的一课的模式是什么？

5.你（或者你观课的教师）在处理衔接次数方面采用例行程序吗？什么样的程序是有效的？

第三节　课堂进度

因为多数语言课堂由一系列围绕课堂整体目标的子活动组成，那么怎样分配每个子活动的时间的长短就是教学中的一个重要方面。**进度**能体现课堂的活力和课程进展的程度。因此，对于课堂的每个部分使用多少时间，是教师在备课或教课时必须做出的一个重要决定。因为教学涉及监控学生在学习任务中的参与度、决定何时完成一个活动以及在学生的注意力开始不太集中之前转向另一项活动，所以有关进度的决定是互动决策中的重要方面。

有关教师培训的文章对进度提出了各种各样的建议。他们推荐了很多方法保证课堂教学进度的完成，常常包括以下几方面：

- 避免没有必要的或是冗长的解释与说明，让学生自己处理学习任务。
- 在一堂课上开展多种教学活动，而不是将时间仅用在一种教学活动上。
- 尽量避免可预知的、重复的教学活动。
- 选择难度适宜的活动。
- 制订教学活动的目标和时间限制，因为一些没有明显结论的或者未设定时间范围的活动往往难以维持良好的课堂氛围。
- 在活动中观察学生的表现，确保学生能够有足够但不是过长的时间。

在一项关于高效的 ESL 的阅读教师的研究中，Richards（1990）将进度认定为这位教师课堂中最为明显的特征之一。这个结论是从其每课多种多样的教学活动中总结出来的。

在课堂上，这个教师给学生提供了多种不同的学习体验。在观摩课上，教师采用了四种活动，活动的变化可能促使学生积极完成任务，并积极推动课堂进度。

（Richards，1990：96）

Tikunoff（1985a）指出，进度有时由教师掌控，其他时间由学生主导。

在一些情境下，需要教师完全掌控教学进度。如果教师不给出指令让学生去做，没有学生会进行下一个任务。但是，在其他情境下，尤其是在几个教学活动同时进行的情况下，教学进度是可以协商的。这样的话，教师应该考虑一个人在一个任务上花多长时间是最为合适的，任务该何时结束。此种情况下许多教师会与学生协商应该何时完成任务。

（Tikunoff，1985a：62 ～ 63）

在英语作为第二语言 / 外语教师岗前培训手册中，掌握进度被认定是教师的一项基本技能。例如，Gower & Walters（1983）在讨论课堂管理时指出：

你必须准确计时。如果活动持续的时间太长就会拖延。如果时间不够长就不能带来满足感。

如果有一组同学结束得过早，就给他们布置一个和这项任务相关的更深入的活动。还有另一种情况，就是让所有的小组在某一时刻都结束任务，而不是让某个小组在那里无事可做。通常，假如一项活动已经实现了大致目标，在进展顺利的时候就结束它，而不是让它逐渐消失。

（Gower & Walters，1983：43 ～ 44）

思考与讨论

1. 你认为教学进度快就一定比慢好吗？为什么是这样或为什么不是这样？
2. 请你提出一种或两种教师可以掌控他 / 她教学进度的方法。
3. 请你提出一种或两种教师可以改善教学进度的方法。
4. 进度是一种让课堂活跃的方式。还有什么因素有助于活跃课堂？

第四节　课堂收尾

课堂结构的另一个重要方面是给课堂一个有效的收尾。收尾环节指的是一节课的结尾部分，旨在：（1）强调一课所学的内容；（2）对其进行整合与复习；（3）让学生更深入地学习。有几种策略能让课堂有效地收尾。这些策略帮助学生学习本课内容，也可以让课程内容融为一个整体。教师使用的课堂收尾策略包括：

- 总结本课讲述的内容。
- 复习本课的重点内容。
- 将本课的内容与本课或课程目标联系在一起。
- 指出本课与前几课的联系。
- 说明本课与学生现实生活需求的联系。
- 与下一课建立联系。
- 表扬学生在本课中取得的成绩。

根据课程种类（如讨论活动或讲座）和班级水平的差异，采用的特定策略有所不同。比如，在一个讨论活动中，典型的收尾方式通常包括总结学生在讨论中提出的主要观点，将讨论内容与课堂教学目标以及之前所学的内容相联系，也可以将讨论的结果应用于其他情境。这种收尾意在总结和整合想法、观点、大意和结论。对于那些在讨论中感到困惑的学生，这种“归一”呈现往往是学习的重要环节。

另一种不同的收尾方式适用于讲座，此种方法更多是教师主导的、单向传播信息的教学方式，通常旨在强调讲座中涉及的重点内容，包括教师通过提问检查学生理解了多少，也经常包括与下一环节的衔接，留给学生一个思考问题或者有利于进行下场讲座的任务。

思考与讨论

1. 回顾此节有关课堂收尾的策略，你能提出其他类似的方法吗？你认为在你教授的班级中，你最常用的是哪种方法？

2. 为以下课堂教学建议几种适合的收尾方式：（1）训练因果段落的写作课；（2）辩论环境问题的课；（3）训练快速阅读方法的阅读课。

3. 有人邀请你教授中级水平的口语课，课时是两个小时，主题是关于提出请求与提供帮助。在课堂上你会安排哪些教学活动？这些活动是按照什么样的顺序进行的？你会用什么样的开始语和结束语？

后续活动

一、日志活动

在你的日志中，描述一下你的课堂或观课的课堂上是如何安排教学结构的？课文是如何导入的？这些活动是按照什么样的顺序进行的？进度如何？如何收尾？你觉得这样安排课堂，效果怎么样？

二、观课任务

1. 观摩一节语言课。教师是采用哪种或哪几种策略进行导入和收尾的？课堂是如何被分为各个环节的？然后访谈这门课的授课教师，请他 / 她谈谈对这门课进行课堂组织的理论依据。

2. 从衔接的角度观课。观察教师如何从一个教学活动过渡到另一个教学活动。

3. 从进度的角度观课。观察教学进度是否有效。如果有效，教师是如何达到这种效果的？该教师使用了101页中的哪些方法？

三、课程报告任务

从课堂导入、活动步骤、进度、收尾四个角度，利用附录5中的课堂报告来检测你过去一周的教学情况。比较你收集的信息与另一位教师的自我报告的信息，你们利用的策略有哪些相似之处？

行动研究案例 4

有关课堂中的衔接问题

这是在 ESL 的环境下一位中学教师完成的项目。

一、最初的想法

我在中学教授一个 44 人的大班的英语课。我教的班级里的学生很用功，他们很擅长死记硬背，不擅长交际活动。当我试图让他们进行双人或小组活动时，好像要花很长时间才能把他们重新组织起来并开始任务活动。因此，往往是学生还没来得及完成我让他们做的本课的活动，下课铃就响起来了。我觉得这是因为我没有处理好活动之间衔接的问题，所以浪费了很多时间。

二、计划

我觉得我需要制订一份行动计划，帮助学生更快地进入小组，开始他们的任务。我打算在班上做两件不同的事情。首先，我决定建立永久的分组，这样学生就总知道他们与谁一起活动。其次，我打算准备好指令，确保给学生的指令是清楚的，学生明白他们应该做什么。

我还制订了一个计划，监控这些结果。我决定每课后，花两分钟记下自己关于如何让本课有效衔接的想法，以及为什么有效或无效。我还决定让一个同事每月来观一次课，用我从 Good & Brophy（1987）那里改编的表格来观察我是如何处理这种衔接的。

三、行动

在接下来的一课中，我与学生就这个问题进行了讨论。我告诉他们我觉得有时一个教学活动与另一个教学活动之间花费的时间太长了。我问他们如何看待这个问题，他们也认为课堂上浪费太多时间了。然后，我告诉他们，我的想法是建立永久的小组，他们认为这是一个好的想法。学生按照我之前的计划分组，当他们完成活动时我告诉他们以后课堂上的任何小组活动都保持这样的课堂分组。

四、观察

在接下来的两周中，我记录了课堂上的衔接时间。回顾这些笔记，好像现在的衔接效率提高了一些。当我说我们将要进行小组活动时，他们很快进入了他们的小组。我还发现学生更容易理解我的指令了，或许是因为他们已经习惯了此种小组活动的模式，不需要我做太多的解释了。

在实施行动计划两周之后，我让一个同事来观课。他肯定了学生可以快速进入自己的分组，我的指令也非常明确。但是他指出，我的课堂衔接在三方面有待提高：首先，他注意到有时我并没有预先提示学生应尽快完成一项任务，所以有的组会花较长的时间才会进行下一个活动；其次，他注意到学生需要用的东西往往放在比较难够到的地方；第三，他还注意到，有一些早早结束的组只是静静地坐在那里等着，直到其他组结束任务，我发出进行下一组活动的指令。

五、反思

从这些信息中，我发现之前实施的计划是有效的。我已经让学生更快地进入自己的小组，并给予他们更清楚的指令。因此，学生能够花更多的时间在我安排的活动中，并且能够在课堂时间内完成这些活动。

然而，我的课堂管理还是有提升的空间。我按照同事收集的信息制订了一个新规划。首先，我决定对任何小组活动都设立一个时间限制，并在结束前的一分钟给他们一个提示。其次，我计划在教室前面的中间放一张空桌子，用这张桌子放一些我和学生在课堂中要用的东西，可以让我们即用即取。第三，如果学生早早完成任务，我会给他们安排额外的活动，这样他们就不会只是坐在那里等其他人完成了。

附　录

附录 1　课堂导入——衔接活动与目的

目的	说明性的活动
1. 建立适当的**情感框架**	
（1）建立轻松友好的氛围	音乐、介绍、问候、玩笑、闲谈（主题性的或个人的）
（2）创造舒适的物质环境	让学生来布置桌椅
（3）集中精力	问候、听力活动、视觉刺激（包括视频）
（4）营造愉快的课堂气氛	游戏、轻松愉快的口语活动
（5）让每个人都参与进来	游戏、双人活动、复习作业
（6）增强信心	闲谈（熟悉的问题、主题性议题）、控制性活动、回顾、家庭作业（因为事先做了准备）、合唱活动
（7）激发兴趣	运用任何充满活力的或者不同寻常的事使课堂导入多样化！
2. 建立适当的**认知框架**	
（1）提供组织框架	和上一课联系起来，描述部分 / 整堂课的活动或目标，介绍主题
（2）激发语言 / 文化上的需求意识	提问（例如根据图片）、小测试
（3）引出语言学知识（语言的 / 文化的）	头脑风暴、口语活动
（4）引出相关的经验	提问
3. 激励学生的**责任感**与**独立性**	
（1）树立学生学习技能与策略的意识	提高自觉性活动（例如记忆游戏），启发学生的个性策略
4. 实现**必需的制度上的角色**	
（1）给予反馈	仔细检查（之前的）家庭作业

（续表）

目的	说明性的活动
（2）检查之前的学习情况	小测试、游戏、头脑风暴，要求学生做小结、提问和检查作业
（3）让时间（金钱）物有所值	〔你怎样开始做的（例如准时性和相关性）比你做了什么更重要〕
5. 克服**实际的困难**	
（1）使学生迟到带来的影响降至最小	短时活动（例如复习）、闲谈

〔经许可引自 I. McGrath, S. Davies & H. Mulphin (1992), "Lesson beginnings", in *Edinburgh Working Papers in Applied Linguistics*, Department of Applied Linguistics / Institute for Applied Language Studies, University of Edinburgh, Scotland.〕

附录 2　交际课的活动步骤

8. 给出观点、同意、反对和讨论

8.1 对话

Sue：Ken，我觉得电视上有太多暴力镜头，为什么现在谋杀已成为常态了？

Ken：喔，Sue，我恐怕不能同意你的观点，我没有看到过任何能够支持你观点的证据。

Sue：噢，Ken，这是常识。关键是，如果你经常看到枪击、行凶抢劫或是扼杀，那么你就会对你所住街道发生的类似事件毫不在意了。

Mary：我觉得这个观点很有意思。

Ken：也许吧，但是我从来没见过对暴力如此听之任之的人。

Sue：噢，抱歉，我不明白你在说什么。你愿意解释一下这个观点吗？

Ken：那这么说吧，Sue。在我住的街道，人们并没有被电视上发生的事情影响。

Sue：噢，但是人们可能会在乎发生在街头的暴力事件，而不是所有正在发生的暴力。

Ken：你的意思是……看电视只是一种消极的宣泄方式吗？

Sue：噢，Ken，这正是我要说的！人们通过观看暴力来使自己冷静下来，这证实了我的观点——他们习惯了暴力！

Mary：你说得没错，Sue。我的意思是，Ken，你没有明白 Sue 的意思吗？

Sue：是啊，人们应该有更好的方式冷静下来。

Mary：我同意，比如说和朋友谈心，或者运动、阅读，或者……

Ken：Mary，我觉得你说得对。总之，电视挺无聊的，我们为什么为它争论不休呢？

Sue：（笑）我同意你的观点。

Mary：（笑）确实。

8.2 展示：给出观点

当你参加某场讨论时，让人们听你说话的技巧，或者给自己留出组织观点的时间，这些技巧都是很有用的。这里有一些实用的开放的表达（以下列出的表达从上到下越来越正式）：

不正式 如果你问我……

你知道我是怎么想的吗？我在想……

关键是……

难道你不会说……吗？

你难道不认同……吗？

照我看来……

我会说我认为……

正式 我想要指出……

和你的老师讨论这些不同表达方式什么时候适用。你同意排列的顺序吗？你能不能想出更多的表达方式？

8.3 练习

利用 8.2 中列出的表达方式，用下面提供的线索编对话。按以下模式：

A：你对大狗感觉如何？

B：嗯，如果你问我的话，我觉得大狗很讨厌。

A：你为什么这样想？

B：因为它们吃很多东西，在各种不该去的地方乱窜，还有……

大狗	出国旅行
猫	学习外语
日托	市中心停车位
女司机	晶体管收音机
死刑	儿童

尝试着每次都用新的表达方式！

8.4　练习

三人一组，了解彼此关于这些话题的观点：

假期	通货膨胀
生日	航空旅行
圣诞节	电视
礼貌	冬季运动
彩票	共产主义

向其他小组的同学汇报你的同伴们的观点。

〔经许可引自L. Jones & C. von Baeyer (1983), *Functions of American English*, pp. 43-45, Cambridge University Press.〕

附录 3　写作课的活动步骤

〔经许可引自 I. Leki (1989), *Academic Writing: Techniques and Tasks*, p. xi, New York: St. Martin's Press.〕

附录 4 阅读课的活动步骤

第一单元 你自己的地方

第一节 离家

你是怎么想的？

1. 在英国，年轻的学校毕业生有时会离开家到别的地方居住。你认为这种情况为什么会发生？你认为这种情况常见吗？简要地写下你的想法。

下文摘录于某杂志一篇专门为英国即将离校的年轻人所写的文章。

2. 一旦你长大成人，住在家里有哪些好处和坏处？请特别关注以下几点：
- 舒适度
- 开销
- 独立
- 朋友

3. 请列出你自己认为的优缺点。
4. 现在阅读前三段，并标记出文中提到的住在家里的优缺点。你想到这些了吗？

家和一个人穿的衣服、吃的食物、结交的朋友一样，都能反映其性格。大多数人心里都有一个理想的家，这样的家取决于性格、人们如何看待自己以及希望别人怎么看待自己。但是一般而言，尤其是对学生或刚参加工作的人来说，要实现这个构想往往会受到金钱和地点的现实的局限。

实际上，如果你没有足够的钱就意味着你离开学校后唯一的生活方式就是先在家住一段时间，直到经济状况得到改善。住在家里有明显的优点，就是自己的衣物依然可以和家人的一起洗，有人提供饭菜，还有一个已经建立好的朋友圈。

父母往往非常慷慨，只收取很少的房租，而且不需要你支付燃气费、税费等。

另一方面，这取决于一家人的融洽程度。你父母喜欢你的朋友吗？你可能很爱你的家，但你喜欢你的家庭成员吗？当父母问你晚上去哪儿了，打算什么时候回家时，你能忍受吗？如果你想开派对，他们会反对吗？如果你觉得你不能达成有效的妥协，并且你最后有钱可以离开了，你如何着手寻找新的住所？

5. 如何寻找其他住所？
6. 请想出三种可能找到房子的方式。

现在继续往下读……

如果你计划住在家附近，那么你已经知晓一些可能住的地方了。朋友和当地报纸都是很好的信息来源。如果你打算去一个新的地方工作，你也可以看看那里的报纸和房屋中介，不过联系时要小心。中介是收取费用的，如果你住进他们为你找的房子，通常这笔费用是第一个星期的租金。也有一些不那么负责任的中介在带你看房的时候就会收取费用，而当你到了房子时，已经有人入住了。

对学生而言，许多学院、理工专科学校、综合性大学都有宿舍管理员，他们可以帮你找房子。在一些地区，这是个不容易做的工作，因为学生人数多，住房供应不足，只有很少的当地人愿意出租房屋给学生。但是能找到什么样的房子呢？

7. 在进一步阅读之前，请列出英国年轻人能够租到的不同种类的房屋。
8. 请继续阅读，在你列的单子里标出文章提到的几项，并加上你没有想到的。

如果你不喜欢一个人住，而是喜欢和家人住在一起，或者在一个小房屋里与几个人合租，公寓也许是不错的选择。好的房东太太与小说里的坏房东一样不太多，前者是极好的厨师、洗衣工和代理母亲，而后者会恐吓房客并且对房客要高价。真实情况很可能是介于两个极端之间。如果你是幸运的，会有充足的食物，一些待洗衣物可能会有人代劳，你将倍感舒适且有人相伴。不那么幸运的情况则是你会感到孤单，邀请朋友来访会被限制。如果爱干净的人和不爱干净的人共处一室，共享厨具和洗浴用品，可能会令人沮丧和恼火。

谁来付费、付什么费、以什么比例付费也是合租公寓的缺点。可能合租的人一打电话就是几个小时，或者沉迷于漫长的热水澡中，而另一个人却很少打电话，并洗冷水澡。如果你想在有客人来访时保留一些隐私，你该如何劝说室友离开，该如何让室友保持安静，尤其当你是个学生，想学习的时候。

另一方面，合租公寓非常便宜。总是有人和你聊天，一起出门，而且从理论上来说可以分担家务。但即便如此，如果你重视隐私并且想要拥有一个属于你自己的地方，在那儿你可以张贴自己的招贴画，播放你喜欢的音乐等等，寻找一个卧室兼起居室或者整租一套公寓可能更好。

卧室兼起居室的美妙之处在于其简便性。相对来说这种房子较便宜，易于打扫，在供暖方面也比较划算，因为它常常就是一个单间，而且最好的是性价比相当高，住所居住起来也非常舒适。而它不好的地方在于，卧室兼起居室可能会非常拥挤，并且充斥着厨房油烟以及洗东西带来的湿气。而且如果你不是天性善于社交的人，又搬到一个新的地方，那么住在卧室兼起居室可能会让你觉得非常寂寞。

公寓往往会给你更大的空间，但是你必须自己承担房费，而且和卧室兼起居室一样，住在这样一个拥有最小额外开支的公寓里可能是一个孤独的开始。你可能会有自己的洗涤用具和厨房用具，如果公寓里没有配备家具，你可以去拍卖行和旧货商店挑选家具，这会带来很多乐趣。

（本文摘自 *Prospect*，1977.）

检查你的理解能力。

9. 回答这些问题。先在文中找到对应的部分，然后仔细阅读这一部分。
   （1）卧室兼起居室有哪些缺点？
   （2）说说与别人合租公寓可能会产生的两个问题。
   （3）住在好的租的房间和住在家里有什么共同点？
   （4）住在卧室兼起居室对什么样的人来说是一件糟糕的事？
   （5）哪种类型的人可能会选择卧室兼起居室，而不是合租公寓？
10. 你认为下面六个陈述中哪一点最好地总结了作者的观点？
   （1）离开学校后住在家里的好处很少。
   （2）在寻找住处的时候，房屋中介是最好的可寻求帮助的资源。
   （3）如果一个人不能在家住，最好的选择是找一个好房东。
   （4）在做决定之前，一个人应该仔细权衡各种住宅的利弊。
   （5）离家寄居会很孤单。
   （6）找到一间你自己的公寓是最好的办法。

你觉得如何？

选文中所描述的情况和你们国家的情况一样吗？你们国家的年轻人会从家里搬出去住吗？如果会，他们住在哪里？

〔引自 P. Barr, J. Clegg & C. Wallace (1981), *Advanced Reading Skills*, pp. 1-4, Essex: Longman.〕

附录 5　课堂结构教学报告

班级 ________　　　　　　　　　　　**日期** ________

课程目标和内容 ____

导入

我采用的课堂导入活动是：________________________________

采用这项活动的目的是：__________________________________

这个导入活动的效果：

a. 非常有效

b. 一般有效

c. 不是特别有效

步骤

这次课包含了以下活动步骤：______________________________

____

这样安排课堂活动步骤的目的是：__________________________

____

这一步骤的效果：

a. 非常有效

b. 一般有效

c. 不是特别有效

进度

我用来保持进度的策略有：________________________________

这些策略的效果：

a. 非常有效

b. 一般有效

c. 不是特别有效

结尾

我安排的课堂结尾活动是：________________________________

安排这一活动的目的是：__________________________________

这一收尾活动的效果：

a. 非常有效

b. 一般有效

c. 不是特别有效

第七章　课堂互动

不同的语言教学方法背后都有一个共同理念，即第二语言的学习是一个高度互动的过程，师生和生生的互动中需要花费大量时间。我们认为这些互动的质量会对第二语言的学习产生很大的影响（Ellis，1985）。本章主要探讨的就是课堂互动的本质以及教师如何影响他们课堂上的互动，具体内容包括：课堂上教师的行动区域（action zone）、学习者的互动能力（interactional competence）、学习者的互动方式以及课堂互动的分组安排的影响等问题。

第一节　教师的行动区域

下面是一位教师教完一课后的日志：

今天，我教的这课主要是讨论环境问题。课程进行得很顺利。首先，我导入这节课的方法是讨论我们所在城市的环境问题，并让学生给出一些关于我们面临的主要环境问题的实例。这些内容引发了课上的很多讨论，每个人都有机会发言并表达自己的观点。十分钟后，我把学生分成几个小组，让他们针对我们讨论过的某一问题提出解决方案。在此期间，我在教室里四处走动，察看学生的语言使用情况并给出反馈。二十分钟后，我让每组的组长汇报一下各组的建议，然后我把一些重要的观点写在木板上。

下面是这堂课观摩者的评论：

当您和全班说话的时候，坐在前面中间部分的学生回答了您提出的大部分问题；当您四处走动的时候，您在某些小组上花费的时间过多，从而忽视了其他小组。

以上关于同一课的截然不同的观点强调了一个事实：尽管教师心怀最好的意图，但有些时候会和某一些学生互动得更为频繁。虽然教师通常会尽量公平地对待学生，在课堂上给每个人平等的参与课堂的机会，但是与某些学生的互动多于其他学生的情况仍是难以避免的。因此，衍生出来教师的**行动区域**。行动区域包括：

- 那些经常和教师进行眼神交流的学生。
- 被教师提问的学生。
- 那些参与课堂活动的学生。

这些学生位于教师的行动区域内，和处于行动区域之外的学生相比，他们更有希望参与到课堂活动中。在很多课堂中，此区域包括前排中间的座位和中间过道前面的座位。如果教师在班级前面教学，坐在那儿的学生因为和教师离得近自然有更多的机会参与课堂活动（Adams & Biddle，1970）。总之，教师常常会有自己的行动区域。例如，一位教师可能：

看右手边学生的次数多于左手边的学生；叫女生的次数多于男生；叫有少数族裔背景的学生的次数多于其他人；叫名字容易记的学生；叫更聪明的学生的次数常常多于其他学生；在一个大多数学生英语还不熟练的班级里，教师更倾向于把注意力放在那些第一语言是英语的学生身上，而对其他人的要求则比较少。

（Schinke-Llano，1983）

图 7-1 是一位观摩者记录下的一位教师的行动区域。他在座位图上标记出了课堂中教师叫全班和个人回答问题的次数以及学生个体和教师互动的次数。

下面是一个班级的座位图。观摩者用箭头标记了每次的课堂互动。箭头上的短横代表互动的次数。

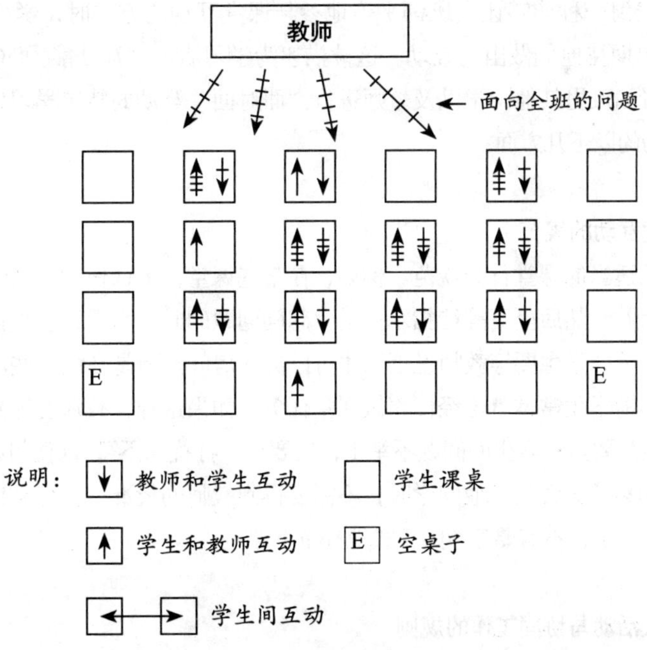

图 7-1　课堂教师和学生的互动

虽然一位教师可能会以为，班里的学生都有公平的参与课堂互动的机会，图 7-1 却证明事实并非总是如此。上课的过程中，教师向全班提了 19 次问题，却只和 22 名学生中的 12 名进行了互动。这似乎表明教师忽视了坐在左右两排的学生，只把行动区域固定在房间的中间。如果说积极参与对学习很重要，那么那些不在教师行动区域内的学生是处在劣势的。

思考与讨论

1. 假设你在上课，你认为你授课时有清晰的行动区域吗？它会令课上的一些学生比其他人更受益吗？如果是这样，你如何改变你的行动区域？如果你正在观摩一堂课，授课教师有清晰的行动区域吗？

2. 一些学习者常常因为喜欢在课堂上扮演更积极、公众性的角色而更加渴望进入到教师的行动区域内，而其他学生则很高兴处于教师的行动区域之外。是不是所有学生都应该成为课堂中积极、公众性的参与者？为什么？

第二节　学习者的互动能力

当教师需要找到一种能够让全班都平等地参与课堂互动的方法时，学生也需要学习怎样才能在课堂中做出期待他们做出的互动。这被描述为学习者的“互动能力”(Tikunoff，1985a，1985b)，即学习者和班里其他同学以及教师进行“面对面”互动的特定学习模式与行为。互动能力包括课堂行为的以下几方面：

一、知道课堂互动的规范

教师制订自己适当的课堂行为规范。例如，在某些课堂，上课伊始，教师进入教室，学生起立一起向教师行礼，然后坐下等待指示；学生想问问题的时候举手；当被提问时，学生站起来回答；课程结束后，学生要等教师说下课才可以离开房间。但是在另一些不那么传统的课堂中，教师进入房间前学生常常就已经忙着做课堂任务，如果这样，教师要等到一个合适的时间再导入一个新的教学要点；学生问问题不举手，但要说“打扰一下”，以便引起教师的注意；当学生想离开他们的桌子去咨询其他同学时，不需要得到教师的批准；课程结束时，学生完成了他们的任务就可以走了，不需要等教师正式地宣布下课。

二、知道个人活动与协同工作的规则

学生也需要知道他们什么时候应该独立完成任务，以及什么时候适合寻求其他同学的帮助

与合作。每位教师都应该建立自己的教学规则与步骤。学生如果不了解教师的规则，可能会做出一些教师认为不合适的行为。正如下面这位教师的评论所述：

我的一些学生的问题就是，在我要求他们做作业时，他们喜欢站起来在教室里四处逛逛。他们似乎更喜欢和其他人讨论作业，不太喜欢向我寻求帮助。

学习者这些行为可能受文化因素的影响（见第五章）。例如，Phillips（1972）提到过美国印第安儿童和非印第安儿童不同的课堂行为：

对印第安学生来说，他们不太喜欢，不太愿意，也不太能内化与遵守部分维持课堂有序互动背后的基本规则。尤其值得注意的是，和非印第安学生相比，印第安学生不太愿意接受教师作为所有课堂活动的指导者和操控者。他们对发展师生间的一对一交际关系兴趣不太大，而对维持和发展同辈间的关系更感兴趣，不管教室里发生着什么。

（Phillips，1972：377）

尽管一些教师会在新的学生群体中很早地建立关于适当课堂行为的教学预期与步骤，但另一些教师则不会。这会导致师生之间的困惑。

三、知道何时提出和回答问题

教师一般希望学生在课堂上提问，但是这种对学生参与活动的鼓励程度在各个教师之间、各种文化之间都各不相同。开始一门新课的时候，学生首先要确立他们期望的参与水平以及应该什么时候、怎样打断教师来提问。教师对学生什么时候应该提问、什么时候不该提问可能有自己的偏好。例如，一些教师更喜欢留出一个课堂提问环节，不允许授课过程中被问题打断。另一些教师则更喜欢学生一遇到问题就提出来。学生可能对怎样回答教师的问题也有不同的期待。在一些文化中，学生在被教师叫到或者确信他们的答案是正确的时候才会回答问题。而在语言课堂上，教师一般期待学生积极参与，因为回答问题常被认为是一种语言练习的好方法，所以教师期望学生能够积极参与。

四、知道在完成一项任务时寻求帮助或反馈的方法与时机

学习者也需要了解在课堂上寻求帮助的规则。他们应该询问教师，还是应该询问其他同学，或是应该一直保持沉默以免打扰别人？ Tikunoff（1985b）以美国双语课堂的学生为对象，研究学生如何知道他们在完成班级任务时做得对不对，以及遇到困难时在何处寻求帮助。成功的学生看起来能够意识到他们什么时候需要帮助、如何获得帮助。正如学习者的下列评论中所述：

- 当我不知道怎么做某些事时，老师会帮助我。但是如果我不需要帮助，老师不来也可以。
- 在我需要时，老师要帮助我，但如果同学能帮助我也可以。
- 如果我需要的话，老师会在课间休息或者课后帮助我。

五、知道展示自己所学知识的恰当规范

课堂是学生学习的地方，但是当学生需要展示自己所学知识成果的时候，仍然需要一些规范。一些教师，尤其是一些西方文化下的教师，会鼓励学生在同学面前展示他们所学到的知识。当教师提出问题而某位学生又知道答案的话，教师通常希望这位学生来回答这个问题。可是，来自某些文化的学生会觉得这样公开地展示自己的知识在一定程度上是一种卖弄，因此他们不会回答这个问题。然而 Bondy（1990）的研究证明，在阅读课上展示自己的知识对一些学生是很有好处的。她发现学生公开地展示自己的阅读能力，可以奠定其在班级的地位。在其他孩子面前发表评论，使大家注意到他们不仅能够阅读，还能成功地参与到阅读活动中。“阅读看起来是为了表扬、奖励和引起公众认可而完成的活动”（Bondy，1990：36）。

达到在课堂中以恰当规范展示知识这个共识的过程，对教师和学习者无疑是重要的。教师和学生可能需要花一些时间来发现哪些假设支配着对方的行为。

思考与讨论

1. 在你的国家或者你所在的机构中，课堂互动有哪些规则？

2. 你有课堂礼仪准则吗？这些准则怎样反映了你对教师角色的定位？如果你正在听课，那位教师的礼仪准则是什么？

3. 可否请你再举几个例子，说明文化因素在一个你熟悉的背景下对语言学习者互动能力产生的影响。

第三节　学习者的互动模式

互动能力是指为了让学生适当地参与课堂活动而遵守的规则。然而，由于学习者性格和认知风格的差异，任何一个班级中常常可以观察到不同的互动模式。Good & Power（1976）描述了六种不同的互动模式。前四种与我们第三章讨论过的四种认知模式所产生的特定课堂行为的方式相呼应，后两种互动模式描述的是学校教育的消极反应，因此不能与先前讨论的四种认知风格联系在一起。

任务导向型学生（task-oriented students），又称具体型学习风格。此类学生通常能力较强，能够成功完成学习任务。完成任务时很积极，完成准确度较高。他们非常享受学校的学习生活，很少需要教师的帮助。但如果他们需要帮助，他们就会毫不犹豫地提出请求。他们属于合作型学生，基本不违反纪律。

默默无闻型学生（phantom students），又称分析型学习风格。此类学生可能经常不受关注，虽然他们大多是好学生，并且能够踏踏实实地完成课堂任务。但是他们上课过程中不太参与课堂活动，很少发起对话或者寻求帮助。由于他们不愿打断课堂进程或者影响其他同学，因此教师和其他学生不太了解他们。

社交型学生（social students），又称交际型学习风格。此类学生很重视与他人的互动。虽然他们有能力完成课堂任务，但是他们更重视和朋友交往，而不是完成课堂作业。虽然他们的答案不一定是正确的，但是他们很享受辅导班级里的其他同学，并积极参与课堂活动。他们在同学中比较受拥戴，但是教师因为这些学生的学习方法可能会给课堂管理带来麻烦，所以不太喜欢他们。他们有时候说得太多，在需要时会毫不犹豫地向教师或其他同学寻求帮助。

依赖他人型学生（dependent students），又称权威导向型学习风格。此类学生需要教师的支持和指导来完成课堂任务。在缺少持续的帮助和支持的情况下，他们难以专注地参与到任务。他们需要组织和指导来完成任务，不太擅长小组合作。他们常常需要教师或其他同学告诉自己学得好不好，如果学得不好，该如何纠正。

孤僻型学生（isolated students）。此类学生独立于他人，从课堂互动中退出。他们可能避免自己加入到成对或小组活动的学习情境中，不愿意与别人分享学习成果，也不愿别人做出回应。因此，他们不太能熟练地完成学习任务。

疏离型学生（alienated students）。此类学生反对教学和学习，常常表现出敌意和攻击性。他们不守纪律，也让周围的人很难工作。他们需要被严格监督，并且他们的学习问题通常和个人问题有关。

（Good & Power，1976）

尽管这些分类抓住了学生课堂互动模式的某些有用的归纳，但也会有些武断。因为学生是各种各样的，很难轻而易举地把他们归到哪一种类型之中。例如，他们可能喜欢在某种特定学习任务中使用某一种互动模式，对不同的任务采取不同的模式。所以，这些分类系统的作用仅作为一种提示，告诉我们学生可能喜欢不同的互动风格，而且没有哪一种风格是适合所有学生的互动模式的。

思考与讨论

1. 你认为任务导向型、默默无闻型、社交型或者依赖他人型学生之间的区别适用于你熟悉的班级的学生吗？如果不适用，学生还有哪些其他的互动模式？

2. 反思一下自己的学习方法。你怎样描述自己的互动模式？

3. 你鼓励你班级的学生或者学习者采取哪种类型的互动模式？你会根据互动模式的不同来调整教学吗？

4. 请和你的同伴一起制作一份调查学生喜欢的互动模式的问卷。

第四节　分组安排

虽然学习者可能对某种课堂互动模式更加偏爱，但是课堂中的动态互动很大程度上取决于教师对学习活动的安排。大多数教师会根据授课类型采用以下几种学习安排方式，不过其中一些使用频率较高。

全班教学（whole-class teaching）。教师通过学习任务主导全班的学习。例如，教师组织全班同学一起阅读报纸上的某篇文章，然后针对文章进行提问，引发全班同学讨论。

独立任务（individual work）。班级里的每个学生独立完成任务，不需要和同伴或教师互动。例如，学生通过一个学习表完成语法练习。

同伴任务（pair work）。两个学生一组，完成学习任务。

小组任务（group work）。学生以小组形式完成学习任务。

为特定任务选择适合的分组方式是一个非常重要的决定，需要考虑以下影响分组安排的因素：

一、全班教学

教学研究表明，全班教学是公立学校中最为常见的教学方法，尤其是课堂开始的时候。在全班教学的活动中，

> 教师通常通过复习必修材料导入，之后介绍和展开新概念和新技能。然后，教师带领各组开始朗读、操练，或进行交际性活动。最后，给学生布置需要自己完成的课堂作业或家庭作业。教师可能有时候教授的只是某个小组，而不是全班，尤其是刚开始教阅读的时候。在学生自习时，教师要四处巡视，巡视时可能会对个别学生进行一定程度的单独指导。
>
> （Good & Brophy，1987：353）

课堂互动研究者已经研究出描述和对以教师为主导的全班教学活动中的师生互动模式进行分类的观察系统。主流课程中师生互动的一个著名的观察计划将师生互动划分为七种类型：

TL（Teacher lectures）教师讲授——描述、解释、叙述、指导。

TQ（Teacher questions）教师提问——有关学生将要回答的内容和步骤。

TR（Teacher responds）教师回应——接受全班同学的感受；用比较温和的方式描述过去和将来的感受。表扬、鼓励学生或和学生开玩笑。接受或者采纳学生的想法，以学生的回应为基础。采取温和的批评方式，例如“不、不太”。

PR（Pupils respond）学生回应——对教师的提问和指示进行直接的、可预测的反应。

PV（Pupils volunteer）学生自愿参与——信息、评论或问题。

S（Silence）冷场——停顿，短时间的沉默。

X（Unclassifiable）其他——不能被理解的交际困惑。训斥或者批评学生等不常见的活动。师生都不说话进行的演示活动，如师生都不说话使用黑板时。

（Brown，1975：67）

当这一系统用于描述以教师为主导的全班活动时，我们对第二语言和母语的课堂进行研究得出了相同的结论：教师讲课和提问大约占用了 70% 的教学时间（Chaudron，1988）。这种模式如表 7-1 例 1、例 2、例 3、例 4（121 ～ 122 页）所示。根据 Brown（1975）的系统，该模式以课堂片段为例，以 3 秒钟一个间隔进行编码。

表 7-1　以 3 秒为间隔编码的四个课堂片段[①]

例 1[②]

TL		/	/										
TQ				/		/		/		/			
TR													
PR					/		/		/		/		
PV													
S													
X	/												

说明：这是一门训练类课程，课程内容是简单的算术和外语教学以及复习。

① 经许可引自 G. Brown (1975), *Microteaching*, pp. 77-78, Methuen & Co.

② 编者注：例 1、例 2、例 3、例 4 中的英文简称如“TL、TQ”等的含义见本页。

例 2

TL	/	/	/				/	/			
TQ				/					/		
TR						/					
PR					/					/	
PV											
S											
X											

说明：这是一个在任何课程区域中、任何一门课程中最为常见的模式。简短的教师讲解之后提出一个问题，紧接着是简短的学生回答，接下来是教师的回应，然后是更多的教师讲解。

例 3

TL																										
TQ	/				/					/																
TR			/	/				/	/				/				/	/	/							
PR		/				/	/				/	/								/	/	/				
PV														/	/	/										
S																										
X																										

说明：这是英语课堂上比较常见的教学模式。持续的教师回应常常会引出学生的自愿回应和预期回应，这也是教师后续反应的基础。

例 4

TL				/	/			/	/						
TQ	/	/				/				/					
TR															
PR															
PV															
S			/				/				/				
X															

说明：这是一位教师的课堂。请注意他如何提问，以及没有收到学生回应后就很快开始讲解。他的学生可能控制了他的行为。学生保持沉默，他只能自己回答自己的问题。此种模式让学生变得更加沉默。

全班教学对语言教学而言，既有利也有弊。益处如下：

- 可以保证教师在同一时间教授大量的学生。在一些国家，一个班级多达五六十人是很常见的，全班教学是必需的。
- 主流班级里有很多第二语言的学生时，第二语言学生可以感觉到他们是主流的一部分，受到平等对待，而不是被孤立出来的特殊的学习群体。
- 可以为后续的个人或小组活动提供准备。

然而，对全班教学的批评也指出了它的不足之处：

- 这种教学是以教师为主导的，很少有机会让学生积极参与。
- 教师倾向于只和一小部分的学生进行互动，从教师行动区域的研究即可看出。
- 全班教学假定所有学生的进度是一样的。然而，学得慢的学生可能会被落下，聪明的学生也可能被限制住。

虽然，全班教学的活动中教师可以鼓励更多的学生参与进来（例如通过活动中的讲讲停停，并让学生之间比较自己的答案），但教师还需要采取其他教学方法，为学习者创设更为多样化的沟通互动以及练习语言的机会。

二、独立任务

独立任务又称“课堂作业”，一般被认为是课堂教学中第二常见的教学模式，包括学生独立完成活页练习题、阅读综合性文章并回答问题、做课本或练习册上的习题、写作文或者论文等活动。独立学习的好处如下：

- 为学习者提供按自己的速度和方式学习的机会。
- 为学习者提供练习和应用所学技能的机会。
- 让教师能够对学生学习进程给予评价。
- 让教师能够依据不同学习者的能力和需要分配不同的活动。
- 让学生为即将开始的其他活动做准备。

缺点如下：

- 学生与教师和其他同伴之间互动的机会极少。
- 有时很难监控学生在独立学习时真正做了什么。
- 学生可能完成任务时间不同，然后无事可做，使课堂难以管理。

为了顺利完成独立任务，大量此类工作被认定具有如下特征：

- 是有计划性的，应与其他教学安排相关，不是仅仅“填充”课堂的空余时间。

- 教师应给学生有明确目标的特定任务，还应对学生是否理解任务或者能否准确完成任务进行监测和跟进。
- 任务难易度要适当。
- 学生应该知道完成任务需要做什么。

（Good & Brophy，1987：233 ～ 234）

三、同伴任务

尽管全班教学和独立任务是语言教学所必需的，但如果没有其他的互动形式，学生就会失去很多可以使用和学习新语言的机会。研究者已经提出很多关于课堂中同伴任务和小组活动的各种各样的替代选择（例如合作学习、协作学习、交际教学法等）。通过成对或者小组中的学生互动，学生可以获得在轻松的环境中运用自身语言资源以及知识来完成不同任务的机会。实际上，研究者们相信，通过此种形式的互动，语言和交际能力的诸多方面都能够得到提升。“一方面学习如何进行对话，一方面学习如何进行言语互动，通过这种互动，句法结构会得到提升”（Hatch，1978：404）。

Long（1983）和 Krashen（1985）都已经提出，当第二语言学习者互动的重点放在了有意义的任务或信息交流上，那么每一个学习者都可以通过这一互动过程在很多方面得到提高（参见表 7-1、图 7-2）：（1）从谈话的对象那里获得可理解的输入（comprehensible input）；（2）获得澄清问题以及得到反馈信息的机会；（3）调整输入使之能够与同伴的理解水平相匹配；（4）开发新结构和谈话模式的机会。Long（1983）认为精心设计的成对活动可以帮助学习者获得“可理解性输入”，也就是说，适当水平的语言能够促进习得。这种输入是通过学习者在完成任务过程中参与的互动协商来获得的。

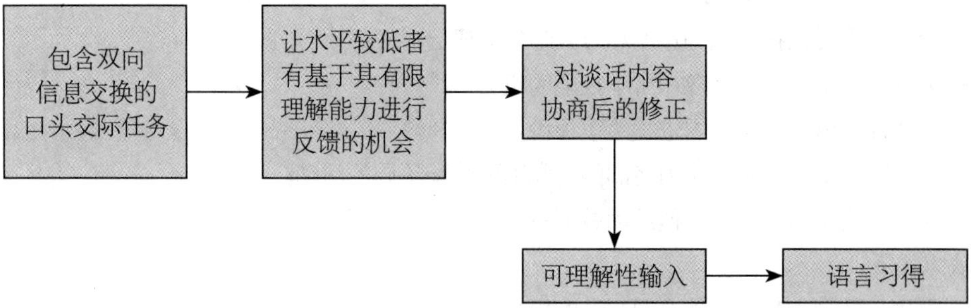

图 7-2　谈话任务类型与语言习得之间的关系模型[①]

下面的这些因素会影响同伴任务的性质：

① 引自 Long（1983：214）。

信息流（information flow）。因为成对练习能够更好地促进互动，两个学生都需要掌握不同信息，他们需要分享这些信息以解决问题或完成任务。体现这种信息流类型的任务被称作双向任务（two-way tasks），而只有一个学生拥有新信息并向他或她的伙伴展示的任务被称作单向任务（one-way tasks）。

成果焦点（product focus）。协商或互动的成果如果是某种产物，比如一个列表、一张地图、一张完成的简图或图表，那么任务将更能激发积极性。

伙伴的选择（choice of partner）。很多不同的结对方式都是可行的。比如以不同的能力水平、相同的能力水平或者不同的民族或语言背景结对。如果成对活动经常进行，那么需要不时地更换分组也是一个问题。

伙伴的角色（roles of partners）。对于一些任务来说，两个学生可能有相同的角色；而对于其他任务，其中一个学生可能会起到同龄导师的作用。

四、小组任务

小组任务是另一个经常使用的改善语言课堂互动的策略。小组任务除了同伴任务的优点以外，还具有很多其他的优点：

- 削弱教师对全班的支配作用。
- 提高学生的课堂参与度。
- 增加每个学生练习和使用新学的目的语的特点的机会。
- 促进学习者之间的合作学习。
- 教师的角色更像是一位促进者和顾问。
- 学习者更加主动地学习。

成功的小组任务应注意以下几点：

（1）**规模**。小组任务的合理规模取决于学生要完成的任务的性质。如果小组人数过多，学生互动将受到影响，可能只有为数不多的几个学生参与，而其余的学生则保持沉默，处于被动状态。

（2）**目标**。如果希望小组任务可以集中高效地完成，教师应明确小组任务的目的、步骤和完成任务的时间表。

（3）**角色**。教师要明确小组成员的不同角色。他们都扮演相同的角色吗？是否需要一个领导者和秘书？完成任务过程中学生是否要承担不同的任务角色？

因此，可以认为，课堂相互作用的动力源于师生互动模式的相互作用，教学的即时需要，以及建立起来的利于教学的分组安排。因此课堂是一个不断变化的互动结构，既可能阻碍也可能支持有效的语言学习。

思考与讨论

1. 我们可以采取哪些措施把全班教学的局限性降到最低?

2. 学习者有时会排斥同伴或小组任务，因为他们更希望向教师学习而不是向其他语言学习者学习。你认为这种想法有道理吗？你会如何处理?

3. 从全班教学转到小组或同伴任务的意义有哪些？在哪些方面教师和学生的角色可能会受到威胁并被赋予更大的权力?

后续活动

一、反思日志活动

1. 在你的日志中，重点描述你的课堂上（或者你所观察的课堂上）学生是如何参与教学的。你可能想集中描述两种不同类型的学生，描述他们在一段时期内课堂互动的模式，以及这些互动模式对你（或那位教师）与学生的互动产生的影响。

2. 在接下来你要教授（或要观察）的几课中，描述一下你或者所观课教师对自己组织的课堂互动活动的满意程度。哪些策略在促进课堂互动方面被证实是最有效的?

二、调查任务

1. 观察学生完成同伴或小组活动的过程。任务中涉及了哪几种协商？你认为这些协商是否有利于语言习得?

2. 阅读下面这份课堂片段笔录。请使用 121 页提到的 Brown（1975）的观察师生互动的方案来对以下内容进行编码。你对本课的互动模式的编码表明了什么?

课堂笔录

（课堂上，学生正在观察 Benny 和 Penny 这两个发音有细微区别的单词的拼写以及衬衫和短裤的图画。）

师：好的……谁能造第一个句子？……谁想说一个关于 Penny 的句子……或者关于……Abdullah，请说一个关于 Penny 的句子。

生 1：Benny 是……

师：不，先不问问题……只是造个句子。

生 2：哪一个?

师：不，不能问问题。

生 2：啊……是 Benny？

师：是的，告诉我关于 Penny 的一些事儿。

生 2：Benny 洗……

生 3：正在洗。Benny 正在洗。

生 2：嗯，衬衫……哦……在最后一天……最后一天……在最后一天……不对。

师：昨天？

生 2：是的。

师：好的……他昨天洗了什么？

生 2：他是洗（was wash-）……哦，他洗着（washing）。

师：Mohammed，你能帮他吗？

生 3：Penny 洗了（washED）他的短裤……衬衫。

师：嗯……但是我们不说 washED，对吗？

生 3：washED。

师：不，只有一个音节，我们说 washt。

生 4：wash。

生 3：washt。

生 2：washt。

师：还有我们说“tuh”……我们写“ed”，但是我们不读 washED，我们读 washT……

全体学生：washT……washT……washT……washT.

师：是的，很好，现在 Khalid，Penny 昨天做了什么？

生 2：他洗了（washt）他的衬衫。

师：很好……Mohammed，你能用 Benny 造个句子吗？

生 3：他洗了（washed）他的衬衫。

师：不，看着这幅画。

生 3：噢，短裤，短裤，他洗了（washed）他的短裤。

师：对了。很好。

原文[①]

LESSON TRANSCRIPT

T: OK... who can make the first sentence here?... Who wants to make a sentence about Penny... or about... Abdullah, make a sentence about Penny please.

S1: What does Benn-

① 编者注：本书部分例子因涉及发音等问题，为方便理解，特将英文原文附上。下同。

T: No, no questions yet. ...just make a sentence.

S2: Which one?

T: No. ...no questions.

S2: Ah .... it's Benny?

T: Yes, tell me something about Penny.

S2: Benny washing-

S3: IS washing. Benny IS washing.

S2: Uh, shirt... er... on the last day... the last day... on the last day... no.

T: Yesterday?

S2: Yes.

T: OK... What did he wash yesterday?

S2: He was wash-... er He washing.

T: Mohammed, can you help him?

S3: Penny washED his short... shirt.

T: Mm-hmm... we don't say washED though do we?

S3: washED.

T: No, just one syllable, we say washt.

S4: Washt.

S3: Washt.

S2: Washt.

T: And we say "tuh"... we write "ed," but we don't say washED... we say washT...

Ss: washT... washT... washT... washT.

T: Yes good, now Khalid, what did Penny do yesterday?

S2: He washt his shirt.

T: Good... Mohammed, can you make a sentence about Benny?

S3: He washed his shirt.

T: No, look at the picture.

S3: Oh, shorts, shorts, he washed his shorts.

T: That's right. Good.

三、同事听课任务

邀请一位同事来听你的课。重点观察在全班活动中你与学生的互动情况。听课人应该记录你与班上每一个学生互动的频率。然后交换角色，你去听这位教师的课并记录他/她在课堂上与学生交流的频率。你们授课时有固定的行动区域吗？如果没有，你们是如何成功地与全班学生进行互动的？

四、听课任务

1. 像 115 页那样，准备一份你听课班级的座位表。将“教师—班级”“教师—学生”“学生—学生”的互动进行编码。请使用课堂活动代码分析一次课。看看课堂教学中教师成功地让全班学生参与课堂教学的程度。

2. 请使用附录 1 中的观察表记录一次课（参考 121 页关于代码系统的解释）。这次课程中是否可以发现某种互动模式？你如何描述这种模式？

五、课堂报告任务

请使用附录 2 中的课堂报告表，在两周时间内监测分组安排。你的小组安排多样性如何？分组活动怎样促成了学生互动的程度和质量？

行动研究案例 5

课堂上的分组安排

该项目是在英语作为外语的环境中，由私立语言学校教授成人英语的教师完成的。

一、最初的想法

我所教授班级的水平参差不齐，我很担心水平较低的学生课堂上的口语练习太少。这些学生较为矜持，不大愿意说英语。如果他们在其他同学面前讲话时犯了错误，他们中的多数人会觉得非常尴尬。我想找到一些能够增强这些学生自信心的方法，从而提高他们英语表达的流利程度。我认为同伴练习是能够给学生提供英语练习机会的好方法。我经常在班上进行同伴练习，但是，我不太确定水平较低的学生应该和谁配成一对。我认为水平较低的学生应该有一个水平更高的搭档，这样在成对练习中，英语说得更流利的学生或许可以帮助他的搭档。但另一方面，水平较低的学生与水平高的学生进行交谈或许会觉得尴尬。也许跟一个相同水平的学生搭档会更舒服。我决定研究一下不同的小组安排会对教学产生哪些影响。

二、计划与实施

开始，我给学生发了一份调查问卷，调查他们的学习偏好，并同时观察在成对活动中水平较低的学生到底说了多少句英文。在两周时间里，我记下每一个学生用英语说出的一个单词、一个短语、一个句子或者几个句子，我还把他们的表现放在三种不同环境下进行比较：

- 一个水平较低的学生和一个水平较高的学生交谈

- 一个水平较低的学生和一个同等水平的学生交谈
- 一个水平较低的学生和教师交谈

我还对其中一个水平较低的学生在以上每种环境中进行成对活动时所说的话进行了录音。

三、观察

我发现学生在与教师交谈时英语说得最少，对此我一点儿也不惊讶。但让我非常惊讶的是，水平较低的学生在与同等水平学生交谈时所说的英语比他们与较高水平学生交谈时所说的要多出三倍以上。我推断学生想要说英语，但是在水平比自己高很多的搭档面前会觉得有些害怕。

我在听两个水平较低学生的对话录音时发现，他们通常会轮流讲话，没有一方是主导性的，而且他们在词汇的使用上互相帮助。他们的谈话流利而准确。然而，水平较低的学生与水平较高的学生的谈话录音则显示，尽管水平较高的学生非常愿意合作，也尽量帮助自己的搭档，但他仍然会倾向于掌控整个谈话，过度纠正其搭档的表达而没有给搭档很多说话的机会。

从调查问卷来看，我发现学生在能够互相帮助的时候，在他们必须依靠自己的时候，在教师不是一直在场的时候，在没有一直被纠正的时候，以及在他们没有被测试或监控的时候，会更自信地使用英语进行表达。

四、反思

在这个调查中，我了解到了许多关于学生在使用英语时的态度和能力方面的信息。收集学生如何使用英语的信息对我来说至关重要。我找到了应对学生水平参差不齐的班级的办法，也找到了一个激发和鼓励水平较低学生学习的办法。这个项目证实了成对练习的作用，这也是我原本的观点，同时这个项目也降低了我将水平较低学生配成一对的焦虑感。

附 录

附录 1 观察表

TL[①]：教师描述、解释、叙述、指导

TQ：教师提问

TR：教师对学生的回应

PR：学生对教师的回应

PV：学生自愿参与——信息、评论或问题

S：冷场

X：其他

TL																							
TQ																							
TR																							
PR																							
PV																							
S																							
X																							

〔经许可引自 G. Brown (1975), *Microteaching*, p. 70, Methuen & Co.〕

① 编者注：此部分 7 个字母缩写的含义与 121 页相同，但英文原文表述略有不同，因此中文翻译略有差异。

附录 2 分组安排的课堂报告表

班级________ **日期**________

课程目标和内容____

分组安排	所用时间	互动的程度和质量
例如： 全班教学	10 分钟	前排学生积极回答问题，但是教室后面的学生没有参与进来

第八章　语言学习活动的本质

本章主要探讨的是教师为实现教学目标所使用的课堂活动。所谓活动（activities），是指为了实现某一特定教学目标而设计的任务。教学研究（如 Clark & Yinger，1979）表明，对活动的认识是对教学理解的核心。它不仅影响着教师对教学的概念界定，也影响教师组织课堂的方式。本章描述了在 ESL 的教学中常用的语言学习活动类型，讨论了教师在规划和使用活动时所进行的思考。

教师备课时往往从教学目标的设定开始，然后根据教学目标设计活动。在这个过程中教师并不是将目标分解成行为目标，再开展与该目标匹配的活动，而是经常在规划具体的课堂活动时开发目标（见第四章）。Macdonald（1965）和 Eisner（1967）的研究发现，在开展活动时，对目标的思考变得尤为重要，因为教学目标可以把"学习的目的和学习的方法融合起来"（Clark & Yinger，1979：232）。因此，活动是"备课和课堂教学的基本构件"（Clark & Yinger，1979：237）。Nunan（1989b）也指出：

> （教师）倾向于将各课或各单元看作是他们课程的基本构成因素。各课和各单元组成了几套或多或少的综合性任务和各式各样的可操作的练习。因此，教师的当务之急是将学习任务与各课和（或）各单元融合起来。
>
> （Nunan，1989b：17）

下面我们将深入分析语言学习活动的本质。

第一节　语言学习活动的类型

语言教师根据自己对学生学习的假设和信念，选择最合适的教学方法，并采用很多不同的教学方法。例如，在一个情境语言教学法的课堂上，课堂活动的顺序是从课堂报告到可控制的练习，再到自由练习（见第六章）。而运用过程写作教学法时，课堂活动是从写作的准备阶段到拟草稿，再到修改。在技能课堂上，教师往往会选择有利于培养学生某项特定亚技能或微技能的活动。例如下面两个教案：

教案 1

课程名称：中级阅读 / 写作　　　　第六周

目标：　练习阅读策略
　　　　练习写摘要

教学资源：有关全球气候变化的新闻稿；阅读理解练习题

活动：

（1）在黑板上写出文章的标题，然后学生分组对文章中可能提到的四件事进行预测。
（2）向学生分发文章的复印件，请学生用五分钟来阅读该文章，并指出文章中的五个要点。
（3）学生对比答案。
（4）学生再读一遍文章，然后回答活页练习题的阅读理解问题。
（5）学生对比答案。
（6）学生写一篇由两个段落组成的文章摘要。

教案 2

课程名称：中高级听力　　　　第三周

目标：　听一段真实的新闻播报，从中获取关键信息

教学资源：录音机、磁带、练习题

活动：

（1）学生分成几个小组，列举上周的五条要闻。
（2）小组之间分享信息。
（3）播放磁带，学生讨论磁带中是否有他们之前提到的新闻事件。
（4）发给学生活页练习题，练习题中列出三个话题和一组问题，学生听问题的答案。
（5）学生在小组中比较答案。
（6）再次播放磁带，讨论磁带中学生不懂的词语或表达。

在教案 1 的阅读课中，教师将课文分成六个活动，分别聚焦于推测、略读、精读、给予并获得反馈和最后的总结。在教案 2 的听力课中，教师同样将课程分为六个活动，分别聚焦于收集背景信息、听关键词、听特定的信息、给予和获得反馈以及判断听力中的难点。尽管教师会采用多种多样的教学方法，可他们所使用的活动类型仍是比较有限的。这些活动类型一般可以归纳为以下几种：

呈现活动（presentation activities）。在这些任务里，新的学习材料首次呈现。呈现活动的目的是为了介绍并讲清楚新的知识点，可能是一个词语、一个语法点、一项功能、一个语篇特征或是一种学习策略。例如，作为语法课的第一项活动，教师可能用表格或是图表的形式呈现“if 从句”的使用规则。并非所有的课都包含呈现活动。例如，在听力课教案里就没有直接呈现这一活动。同一课的不同教案可能包括教师第一次谈论的听力策略，以及听新闻报道时用哪些策略。

练习活动（practice activities）。此任务指的是对之前已出现的某个项目进行演示或学习。语言教学中的练习活动往往会在一定程度上控制学生的表现或控制学生使用某个语言模式。例如，在口语课上，对话练习可以用来练习句型、语法或功能。另外，演练还可以用来练习发音，提高句子的流畅度。阅读课大都是一些专门练习阅读技巧的活动。

记忆活动（memorization activities）。此类任务需要学生记忆某些信息或学习材料。记忆活动可以作为一种策略，用来帮助巩固新学的知识或是为以后要进行的活动做准备。例如，学生可能会被要求背诵之后的口语练习中将会使用到的生词。虽然传统语言教学法（如语法翻译法和听说法）广泛地使用记忆活动，但是现今的新式教学法并不赞成此类活动，而更提倡教师使用能够提高语言创造性的课堂活动。

理解活动（comprehension activities）。此类任务要求学生培养或展示他们对书面或口头文本的理解能力。理解活动可能探讨不同程度上的理解，包括字面理解（理解课文明确说明的意思）、推理理解（基于课文中给出的信息下结论并做出预测）以及评价（根据个人的或其他价值观对课文内容做的判断）。例如，学生可能阅读一篇短文，并推断作者的态度；或者去听一场演讲，然后就演讲内容写一个总结。上述在阅读和听力课上的活动都重视对学生理解能力的培养。

应用活动（application activities）。此类任务指的是要求学习者能够创造性地运用之前已经学习并练习过的知识或技能。应用活动可能要求学生把从不同渠道获得的知识和技能整合起来，然后将学过的知识应用到新的情境中，或者是让他们通过自己的想法、需要、感情和经验将学习过的内容个人化。例如，在练习了一个有特定句型或功能的对话之后，学生可以运用这些特定句型和功能，包括意义的转移和协商，创造性地进行角色扮演。写作课上的应用活动可以代表课堂活动的最后一个阶段。学生先阅读一篇使用了某些特定的修辞形式的文章（介绍），再使用不同的修辞和语篇策略做一套练习题（练习），最后再让学生根据自己的想法和知识，运用修辞和行文策略完成一份书面作业。

策略活动（strategy activities）。此类任务开发学生的学习策略和方法。例如，当学习者在阅读课文遇到生词时，为了提高他们阅读文本时的猜测能力，可以发给学生一些练习，训练他们把前缀、后缀和词序作为有用的语言线索，帮助自己猜测文本中生词的含义。在做听力练习时，可以训练学习者使用情境中的线索，帮助他们理解词义。这可能包括根据设定的情境，学习者在互动中扮演角色，以及对人物的目的和意图进行推测。在阅读课上（教案 1），第一项活动是根据报纸文章的标题做推测的活动。此活动旨在培养学生利用推测策略培养自己阅读的能力。

情感活动（affective activities）。此类任务没有所谓具体的语言学习目标，是为改善课堂气氛和培养学生兴趣、信心以及对学习的正面态度而设计的任务。例如，在一堂外语课上，学生可能坚持写日记，联系他们在课堂中的经历在日记中记下他们的感受、恐惧和满意之处。他们可能与同学和教师分享自己的日记，尝试着在这些问题出现时找到解决的办法。

反馈活动（feedback activities）。此类任务是为学习或为课堂活动的某些方面提供反馈。例如，在写作课上，在完成作业的初稿以后，学生可能两人一组交换阅读对方的作业，并提出修改建议。这种反馈可能探讨内容、结构或表达是否清晰，并且在他们修改自己的作文时也能提供有用的信息。在听力课上（教案 2），教师会在课程快结束时播放磁带，并和学生讨论在磁带中遇到的词语或表达方式的问题。

评价活动（assessment activities）。此类任务可以让教师或学生评估一项活动或一课目标的完成程度，可能用来帮助教师判断哪些地方需要进一步讲解或评价学生的表现。各种测验是评价活动中常见的活动形式。然而，如果不是用来作为呈现、练习或应用活动，而是仅用来判断学生学到的知识量，那么大多数的课堂活动也可以用于评价。

上述活动分类的目的是为了使关注点集中在活动的类型和语言教学目标的关系上。这一分类方式不是确定的，因为有些活动可能被用于多种不同的目的，而且各种类型之间的区别是可以重叠的。然而，这样的一个分类对于阐明教师在教学中会做什么以及为什么他们会选择平时经常使用的课堂活动有解释作用。

在理想的情况下，教师选择的课堂活动与目标相吻合，但有时活动与目标并不匹配。比如以下是一位指导教师对所指导的两位实习教师的课程提出的意见：

> 在阅读课上，你所说的教学目标是培养学生阅读的流利程度并养成良好的阅读习惯，包括了解中心思想和牢记文章的主旨。这应当包括一个自上而下的阅读方法，也就是在阅读过程中鼓励读者使用背景信息、做推测和结合上下文的阅读，并不是简单的逐字逐句地读。但是，你却用大声朗读作为常规的课堂活动。所以这里就有个矛盾，即教学目标和用以支持这些目标的课堂活动之间的矛盾。因为大声朗读需要学生关注文章的形式而不是意义，同时要对课文的每一个字都给予相同程度的关注。

你的报告中说写作课的目标是培养学生写作的顺畅性，以及他们在写作中打草稿和修改作文的能力。不过，在你的课堂中最常用的活动是抄写和对示范文章进行小幅度的修改，还有写作和基于句子的（sentence-based）练习。这些都没能给学生充分练习写草稿和修改作文的机会。

思考与讨论

1. 以下课堂活动常在语言课堂中使用。根据本节的分类，它们是什么样的活动？

（1）听写。教师逐句读出文段，并给学生时间听写下来。

（2）完形填空。教师发给学生一篇短文，其中每六七个词中间有一个空，学生填写短文中缺少的词。

（3）阅读对话。先让学生阅读对话脚本，了解对话，然后在全班面前表演出来。

（4）查字典训练。教师指导学生查字典。

（5）头脑风暴。学生开始某个主题的写作之前，先把自己所有想到的和主题有关的想法都写下来。

（6）语法规则。学生阅读一份讲解过去时和一般过去进行时差别的讲义。

（7）辩论。学生进行一场课堂辩论。

（8）歌曲。学生学唱一首目的语文化中的歌曲。

（9）问题共享。学生进行角色扮演，表演他们与母语者对话时遇到过的困难。

（10）大声朗读。学生在全班同学面前大声朗读一段短文。

2. 如果你在教一门课，与和你教授相似课程的教师讨论你的教学方法。你在教学中常用哪些活动？你怎样按照本节的列表进行分类？是否有难以归类的活动？你会如何描述这样的课堂活动？你使用这些活动的目的是什么？如果你在观课，你观课的教师常用哪些活动？

第二节　影响语言学习活动的因素

在选择和设计课堂活动来完成特定的教学和学习目标时，必须要处理一系列问题。这涉及一系列活动维度，包括：目的、步骤、顺序、复杂性、资源、分组、策略、语言、时间、结果和评估。

如何与学生沟通活动的目的？教师有多种方式向学生传递课堂活动的目的。例如，教师可要求学生做一个活动，但不解释活动的目的，或者教师也可解释为什么使用这个课堂活动。有些是学生非常熟悉的活动，教师经常布置这些活动而不解释活动的目的，例如听写、小组讨论、口语练习等。教师可以在其他时间采用某种策略解释课堂活动的目的或介绍某项活动。这些策略包括：

- 告诉学生他们会享受这个活动。
- 告诉学生他们可以从这个活动中受益。
- 告诉学生他们可以从这个活动中学到什么。
- 告诉学生这个活动可以如何帮助他们准备将要到来的考试。
- 告诉学生此项活动是如何与已经学过的和将要学习的内容的练习相关的。
- 要求学生做某个活动，然后让他们谈谈活动的目的是什么。

学生在完成一项活动时会采用哪些步骤？对于大多数课堂活动而言，有许多不同的步骤可以选择。例如，如果要求学生写一篇短的作文，他们是应该先收集资料，做笔记，再开始准备初稿，还是应该直接动笔写初稿呢？当阅读一篇杂志上的文章时，他们是应该先快速略读这篇文章，还是应该直接就开始精读？学生对活动步骤的理解程度直接影响他们对这个课堂活动维度的理解和课堂活动完成的有效性。为了完成一个活动，我们可以采取以下沟通策略：

- 告诉学生应该采用什么样的步骤。
- 在全班同学面前展示所需的步骤。
- 挑选一个学生演示这些步骤。
- 让学生制订出自己的步骤，然后一起讨论这些步骤的有效性。

同一门课程中，一个课堂活动和其他活动之间的顺序是怎样的？在第六章我们谈到，排序反映出某个教学法背后的特定的假设（例如基于交际教学法的课堂上，交际前活动经常在交际活动之前进行）。排序也会反映出教师根据个人经验所形成的课堂教学模式。我们在第六章已经讨论过有关活动的顺序问题，在此不再赘述。

活动对学习者的要求是什么？ Tikunoff（1985b）指出活动的复杂性在于以下四方面：

- **风险**。低风险任务是学生相对比较熟悉的，他们知道这类任务期望他们做什么。
- **模糊性**。所谓模糊性任务就是没有单一的、直接的解释或者有多种解释的任务。
- **知识**。一项任务对于知识的要求取决于该任务所涉及的认知水平的高低。Tikunoff（1985b）认为，记忆型任务的认知水平相对较低，解决问题型任务的认知水平相对中等，而要求学生去创新、创造发明的任务的认知水平相对较高。
- **步骤**。任务的难度也可能取决于该任务是如何进行的。步骤要求较低的任务只需要简单地按顺序操作。步骤要求较高的任务需要学生在同一时间进行多个操作，比如不看笔记对某一指定的主题做课前口头报告。

（Tikunoff，1985b）

需要什么资料？活动的差异就在于需要不同的资料。例如，作文课上的活动，学生可能需要：阅读一系列文章，搜集与主题相关的信息；搜集关于该主题的范文，阐明需要用到的资源、各种修辞范例；一份修改清单，该清单把学生的注意力吸引到应该在修改中注意到的句子、段落或课文的组织结构的特征上去；几个有利于学生修改初稿的问题，以便他们做好修改的准备。教学资源包括教科书或者是教师制作的资料，这两种材料可以帮助教师在相同的课程中应对学生不同的学习方法、学习兴趣和学习水平。

使用什么样的分组安排？规划学习活动的核心问题是，决定学生单独、成对、成组还是全班一起完成某个活动（见第七章）。分组安排应根据选取活动的特定类型最大限度地发挥其有效性。分组安排的决定可能取决于以下几个因素：

- **教学因素。**以成对或小组形式活动对口语任务是必要的，但是对听力任务而言则不是必要的。
- **能力。**分组时，教师必须考虑是把能力不同的学生分在一组，还是把能力水平相同的学生分在一组。
- **教师性格和教学风格。**比如有些教师喜欢掌控课堂，因此利用全班学习安排分组。
- **教师的教学理念。**教师可能认为合作学习使学生学得更好，所以教师将成为教学的促进者。
- **制度文化。**一些教学机构可能会倾向于某种特定的学习安排。比如推崇合作学习的学校鼓励教师进行分组教学。
- **文化因素。**在某些文化中，学生希望教师可以掌控课堂，他们并不认为自己可以从其他同学那里学到有用的知识。

实施活动时是否应该使用特定的学习策略？对于所有特定的学习活动，教师经常需要考虑哪些策略是最有效的（见第三章）。例如，在阅读理解活动中，学生要阅读文章并回答相关问题，学生可以：（1）先阅读文章后面的阅读理解题，然后再略读文章并找到答案；（2）先看阅读理解题，再仔细阅读文章并寻找答案；（3）先仔细阅读文章，再看题目，然后再回去略读文章找答案；（4）先读整篇文章，然后看理解题，最后再仔细阅读文章找答案。教师必须决定应该鼓励学生使用哪些策略。

活动应有哪些语言或语言学习重点？课堂活动目标各有不同。例如，某项活动可能会注重语言中的一个特定领域，如培养特定的技能，或是练习一个语法项、一个发音特征、词汇，或是需要对语言多方面进行整合使用。另一项活动可能注重准确性、语言恰当性或是流利性。学习活动的设计和它在课上导入、呈现的方式，是学习者把注意力集中到任务的语言维度和他们完成活动所需资源的关键因素。例如，在进行邀请别人和接受或拒绝邀请的角色扮演活动以前，教师应该决定该活动是否应包括邀请的特定表达方式，进而预先教学生一些常用语言，或者是否让学生用自己现有的语言资源进行角色扮演（进一步的讨论见第九章）。

学生在活动中应该用多长时间？学生在课堂活动花费的时间已被认为是影响学生学习的最重要因素之一（Brophy & Good，1986；Fisher 等，1978）。主要包括以下三方面：

- 由教师支配的时间，即所谓的分配的时间（allocated time）。
- 在某一限定的时间内，学生课堂活动的参与度，即所谓的限时任务（time-on-task）。
- 学生有效参与的程度，即学生在限时任务中高质量完成课堂活动的部分，就是所谓的学科学习时间（academic learning time）。

教师在他们的课堂中所用的学科学习时间各有不同。例如，在一节 50 分钟的课上，实际的讲课时间，即分配时间可能只有 30 ～ 35 分钟，那么学科学习时间的比例就会少得多。教师需要面对的一个重大挑战就是要将课堂中的学习时间尽可能地最大化，即将学生花在参与课堂活动和成功完成活动上的时间最大化。这是影响学生成绩的最重要的变量（Levin & Long，1981）。

活动的成果如何？不同课堂活动的学习结果也不尽相同。对于某些活动来说，进行这个课堂活动本身就是主要的学习目标，学习过程胜于学习成果。这类活动一般是休闲阅读和自由交谈。但对于其他活动来说，可能就会要求有特定的学习成果，比如读书报告或是学期论文。所以教师需要考虑以下问题：

- 某个课堂活动是否会有学习成果？
- 是不是希望所有学生都产生同样的学习成果？
- 学生是否有选择他们希望获得的学习成果的权利？

学生在课堂活动中的表现应该如何评定？不是所有的课堂活动都需要对学生的表现进行评定（assessment of student performance），例如讲授型活动和情感型活动，然而评估的决策将影响某些课堂活动的规划。成绩评定涉及以下几个因素：

- **评估的重点。**评估什么。例如，学生的学习成果或是学生课堂活动的参与度。
- **评估对象。**谁被评估。例如，个别学生、一群学生，还是全班学生？
- **评估的背景。**哪里可以获得评估信息。例如，是公开发布，还是私下里单独给学生？
- **评估的形式。**活动如何评估。例如，是使用正式的评估步骤，还是使用非正式手段进行评估？
- **评估的影响。**评估信息如何使用。例如，学生在活动中的表现并不能达到有关流利度的要求，教师是否会再次加强语法练习，或是给学生另一个活动让其围绕不同的主题练习此语法项目？

对于教师和学生而言，学习活动是一项核心概念，因为大多数语言课程都是由完成一个又一个课堂活动来组织安排的。因此，学习如何有效地选择和使用学习活动，需要意识到哪种类型的活动是有效的，并且意识到在语言课堂的活动中应考虑各种因素。

思考与讨论

1. 你判定活动成功与否的标准是什么？你认为一项有成效的学习活动包括哪些特征？联系你所教授或正在观摩的课堂对此进行讨论。

2. 你认为向学生说明学习活动目的的重要性如何？请列出理由支持你的回答。

3. 和同伴一起讨论 138 页的有关完成活动步骤的沟通策略。想一个你非常熟悉的学习活动。想想自己常用哪些活动？现在选择 138 页所列的另一个沟通策略，然后想出它的优点和缺点。

4. 你通常在教学中是如何进行分组安排的，或者你期待使用什么样的分组安排？你认为教师是否应该定期变换分组安排？哪些因素会影响到分组安排的选择？

5. 回顾本章提出的课堂活动的十个维度（137 页）。你在备课时通常会考虑到哪些维度？还有哪些活动的维度是重要的？

后续活动

一、分析学习活动

1. 辨别以下活动的学习目标：

（1）发给学生一份对话的复印件。听对话，然后标出重读的词语。

（2）学生听一段对人的描述，从五张图片中选出正确的一个。

（3）两人一组，比较相像但略有不同的图片。学生 A 对同伴描述图片 1，同伴辨别其中与图片 2 的不同之处。

（4）发给学生 20 个随机排列的句子。小组讨论，找出最佳方法重新整理它们，编成故事。

（5）发给班级每个学生一个句子，这些句子可以组成故事的一部分。先由一名学生朗读自己的句子，其他同学努力猜自己的句子是在这句话的前面还是后面。由学生逐渐重建成一个完整的故事。

（6）给学生 30 个动词，要求学生根据自己的想法分类。

2. 提出语言学习活动建议，以实现这些目标：

（1）教学生确定句子重点的原则，即句中不同的词可以根据其表达信息的重要程度加以强调。

（2）教学生写带有主旨句的段落。

（3）教学生听课时记笔记的技巧。

（4）训练学生听辨以 sh 和 s 起始的单词的不同。

（5）练习用现在进行时态表述正在进行的事件。

（6）练习求职面试技巧。

3. 研究 143 ～ 145 页英语教科书中的例子。在这些例子中，每个活动的目的是什么？根据以下分类方法给例子中的活动归类：

（1）呈现活动

（2）练习活动

（3）记忆活动

（4）理解活动

（5）应用活动

（6）策略发展活动

（7）情感活动

（8）反馈活动

（9）评价活动

二、日记活动

在你本周的日记中，描述你在授课中使用的或是听课时观察到的一些活动。为什么用这些特定的活动？它们怎样与课程的教学目的相关联？你认为怎样才算是课堂活动和预期的教学目的相匹配？

三、录音任务

把录音设备放在你自己（或听课教师）的桌子上，录下一堂课。然后反复播放录音，确定课上的时间分配情况，即实际学习时间有多少，非实际教学时间是多少，如点名和通知等所占用的时间。

四、课堂观察任务

观摩一堂语言课，重点观察某位学生、一对学习伙伴或是某个小组。看看他们实际用于完成任务的时间是多少，即学生完成课堂活动花费的时间。

五、课程教学报告任务

1. 先尽可能详尽地确定你教的一堂课的课堂活动目的。上课时，尽量少讲这些活动的目的。下课时，发给学生每人一张简短的列有学生参与的所有活动的报告单，要求学生写出每个活动的目的是什么。学生的答案和你设计的目的相似度如何？

2. 使用本章附录的课程活动类型报告表监控两个星期的课堂活动类型。你使用了哪些类型的活动？使用这些活动的目的是什么？把你收集的信息与另外一位教师的自评结果相比较。

Unit 10 Wanting things

10A I'm hungry

Feelings; places; *be* and *have*; sentences with *when*.

1 **Put the adjectives with the right pictures. Use your dictionary.**

hungry　tired　ill　happy　cold　dirty　bored　unhappy　thirsty　hot

1. She is .... 2. He is .... 3. She is .... 4. He is .... 5. She is ....

6. He is .... 7. She is .... 8. He is .... 9. She is .... 10. She is ....

2 **Say how you feel now. Examples:**

'I'm very hungry.'
'I'm quite tired.'
'I'm a bit cold.'
'I'm not very happy.'
'I'm not at all thirsty.'

3 **Mime one of the adjectives for the class.**

4 **Say these words and expressions.**

hungry　happy　unhappy
house　home　at home
hotel　Hilton Hotel　holiday
on holiday　hair　have　half
hundred　a hundred　him
her

5 **Have you got a good memory? Look at the sentences for two minutes. Then close your book and answer the teacher's questions.**

When Fred's hungry he goes to a restaurant.
When Lucy's hungry she has bread and cheese.
When Fred's thirsty he has a beer.
When Lucy's thirsty she has a drink of water.
When Fred's bored he goes to the cinema.
When Lucy's bored she goes to see friends.
When Fred's hot he goes to the swimming pool.
When Lucy's hot she has a drink of water.
When Fred's dirty he has a bath.
When Lucy's dirty she has a shower.
When Fred's happy he goes shopping.
When Lucy's happy she telephones all her friends.
When Fred's unhappy he goes to bed.
When Lucy's unhappy she goes shopping.
When Fred's ill he goes to the doctor.
When Lucy's ill she goes to bed.

6 **What do you do when you're happy, unhappy, tired, bored, etc.?**

7 **You're in one of these places. Do a mime; the class will say where you are.**

at a swimming pool　at a disco　at a restaurant
in bed　in the bathroom　at a car park
at the doctor's　at the dentist's　at a supermarket
at a clothes shop　at home　at school
at a bus stop　at a station　at a hotel

Learn: water; hungry; thirsty; hot; cold; happy; unhappy; bored; tired; ill; dirty; not at all (*with adjectives*); when (*conjunction*); (have a) bath; (have a) shower; go shopping.

Learn some of these if you want: restaurant; hotel; cinema.

〔节选 1：经许可引自 M. Swan & C. Walter (1990), *The New Cambridge English Course*, p. 48, Cambridge University Press.〕

6 Food and drink

1 Shopping list

Shopping list

carrots
kilo of lamb
eggs
packet of rice
6 oranges
onions
coffee
large loaf

1 Which shops sell the things in the list?
What else do the shops sell?
Write three things for each shop.

2 You're going to make a dish (e.g. a stew, a cake, a salad). Write a shopping list.
Show your list to another student. Can he/she guess what you're going to make?

A Could we have the bill, please?

B What would you like to drink?

C Mm. That was a lovely meal.

2 National dishes

1 Read these descriptions of Korean dishes, and match them with the pictures.
Which *two* would you choose?

1 *Oi-naengch'ae*

Oi-naengch'ae is a kind of soup. It is made from cucumbers and onions, and it also has sugar and vinegar in it. You eat it cold.

2 *Paeksolgi*

For this dish you need rice, beans and sugar. You cook the rice and beans and make them into a kind of cake. You serve it cold with fruit.

3 *Poggumbap*

Poggumbap is a rice dish which is very popular in Korea. The rice is fried with small pieces of crab and pork. It is served hot.

4 *Pindaeddok*

These are Korean pancakes. They are made from beans and flour, and also have meat and cabbage in them. You can eat them hot or cold.

5 *Shinsollo*

This is a kind of stew. It is made from different kinds of meat cooked with vegetables, nuts and spices. You serve it in a large pot which you put in the middle of the table.

2 You're planning a special meal for some foreign visitors. Write a menu and include
– a starter
– a main course
– a dessert
– drinks
Explain to your guests what each dish is.

3 Eating out

1 What's happening in the pictures below? Put the remarks in the right order.
Now listen to the tape and check your answers.

2 Work in threes. Act out a scene in a restaurant.

〔节选 2：经许可引自 A. Doff & C. Jones (1991), *Language in Use: A Pre-intermediate Course*, pp. 28-29, Cambridge University Press.〕

行动研究案例 6

学生在学习活动中的表现

该项目是一位教师在 ESL 的语言学院完成的。

一、初步反应

我给一群正准备进入美国大学学习的学生上课。我感觉他们在参与鼓励自由和生生互动的小组活动来练习英语时，学得最好。我经常在课上使用解决问题的讨论来提供这样的练习。但是，我想知道，当他们的语言产出不受教师监控时，学生的交际任务是如何进行的。我尤其想研究学生进行解决问题的讨论时语言应用的流畅性、准确性和得体性。具体研究问题包括：

（1）在讨论活动中，学生语言产出的准确性如何？

（2）在讨论活动中，学生语言产出的流利性如何？

（3）在讨论活动中，学生语言产出的得体性如何？

二、计划

我决定对学生完成某个问题的解决过程进行录音，然后分析他们使用的语言。我采用的活动是“飞机失事”：在飞机即将失事的情况下，有 20 名乘客，但只有 10 个降落伞。学生 5 人一组讨论这一问题，然后就如何使飞机上的另外 10 个人得救达成一致意见。

三、行动

我带了四个录音机，每组发一个，并确保组员之间的间隔适当，组员对准麦克风说话。我发给学生材料，向他们解释活动的安排。学生知道了他们要做什么，并且马上开始讨论。活动持续了约 20 分钟。之后，我把录音带回家，进行了回放。我通过记录词法错误和语法错误的次数，检查学生语言产出的准确性。为了判定学生的流利度，我计算了每个学生发言总次数和犹豫的次数。为了判定学生语言的得体性，我还观察了学生表述同意和不同意的方式。我听完磁带并且记录下数据后，给每个学生做了一个统计表。

四、观察

学生进行问题解决活动中的整体语言质量给我留下了深刻的印象。学生之间有着高度的互动性，每个学生都积极参与其中。数据显示，学生的对话比我想象的更流畅。他们的谈话一直在进行，没有任何持续性的犹豫、暂停或停止。讨论中的用词也比较准确，并且在出现错误时，他们往往能够自我纠正。很少有因为错误而导致的误解。大部分错误是关于如何使用冠词和介词。但是，我不太满意的是表达赞同和反对时语言的得体性。学生非常直接地使用像“不，你错了”这样的表达方式。其实，如果使用一种更加委婉的方式会更礼貌。

五、反思

该项目对于评估学生在某种特定课堂活动中的表现是有用的。这个结果证实了问题解决讨论作为练习活动的有效性。学生的英语对话能力令我很欣慰。但是，我需要教给学生一些更加委婉的表达方式，使他们学会交际中的礼貌用语。

附　录

附录　课程活动类型报告表

课程________　　　　　　　　　　　　　　**日期**________

教学目标与内容____

课堂中所使用的活动	活动类型	活动用时	活动目的
例如： 练习练习册中的生词	练习活动	10 分钟	巩固学生对生词的使用

第九章　课堂用语

语言课堂的一个显著特征是：语言既是教学的目标，又是用以实现此目标的手段。教师会有许多相互冲突的关注点。例如，教师会设计一些促进学生习得和使用目的语的活动。但同时，目的语也是教师发布指令、模仿目的语范例、对学生的表现做出反馈的主要媒介。同样，学生无论是与教师还是与其他学生进行课堂互动或完成课堂活动要求，都是在学习语言。本章重点探讨这些过程的语言特征，以及这些特征对发生在第二语言或外语课堂上的语言应用的影响。本章特别讨论了：（1）教师如何变换他们的语言；（2）教师如何提问；（3）教师如何对学生进行反馈；（4）课堂互动语，包括学生在完成活动时所使用的语言。

第一节　教师的调适语

在课堂教学中，教师讲的话占用了大部分时间（见第七章）。教师无论使用何种教学策略或者方法，都必须给出指令、对活动做出解释、说明学生完成活动的步骤以及检测学生的理解程度。

教师的大部分时间主要用在和学生的沟通上。初级语言水平的学生更是如此。教师需要通过不断地检查、阐明、解释定义和适当总结等手段吸引学生的注意力，监控学生的理解情况。

（Ellis，1984：120）

如下所示，教师正在给学生解释书本上的练习，并监控学生的学习进程。

师：你做完了吗？你做完这一页下面的问题了吗？

生1：还没有。

师：（对另一个学生）胡安，你做到哪儿了？做完了吗？

生2：没，还没有。

师：争取做到这里（指着书）。

师：在（另）一张纸上写下你们的答案。明人，别写在书上。

师：你现在和明人一起检查一下你们的答案。明白吗？

生3：好，检查答案。

师：对，检查你们的答案。你和明人一起检查你们的答案。

在这个例子中，教师的要求和指导语的重复性是教学中的特色。教师在指导学生并提出可理解性的指示时，**重复**是其中的一个重要策略。还有其他的策略，包括：

放慢语速。教师在课堂上对语言学习者讲话时，经常会用比其他场合更慢的语速。

利用停顿。进行教学时，尤其是教授低水平的学生时，教师倾向使用更多、更长的停顿。这些停顿有助于学习者更好地加工处理教师的语言，从而更好地帮助他们理解。

改变发音。教师可能有时会使用更清晰、更标准的发音。与非教学情境相比，这种发音包含较少的合音和紧缩形式。例如，教师不说"你读下这行吗，胡安？"而是可能更仔细地说"你能读一下这一行吗？"

变换词语。教师经常将一个难词转换成他们认为更常用的词。例如，教师可能会问"你认为这幅画展示（show）了什么？"而不是问"你认为这幅画描述（depict）了什么？"然而，教师有时也会不自觉地将词语"复杂化"，而不是简单化。例如，教师可能会问"你认为这幅画是关于（be about）什么的？"这里用了一个习惯用法 be about 替代 depict（但不一定更简单）。

变换语法。语言教师在课堂上经常简化句子的语法结构。例如，教师在课堂上使用的从句可能比其他情境中要少，或者避免使用复杂时态。

变换话语。正如早前对话所示，为了让学生理解，教师可能会重复自己的话，或者自问自答。

（Chaudron，1988）

教师所说的话中的这些变化已经形成了一项专门的研究，即**教师语言（teacher talk）**。教师使用教师语言，是为了尽可能地简单易懂。高效的教师语言不仅有益于语言理解，更为学习者的语言输出提供了重要帮助。Krashen（1985）认为，这是教师为学习者提供"可理解性输入"的方式（可理解输入可以较好地转变成学习者理解层面上的输入），Krashen 将可理解输入视为"二语习得的重要组成部分"（Krashen，1985：4）。然而，有的时候，教师会发展出在课外听起来并不自然的语言。比如，下面这些例子是教师在教授低水平的英语学习者时所使用的语言：

- 在你家里，你……一个池子……你洗（做手势）。（教师解释"洗"的意思）
- 我想跟别人说话，他不在这儿，那怎么办呢？（教师解释如何使用手机短信）

- 没有别的学生听，我不想。你要说。可能我说你叫什么名字。不需要写。（教师解释面试流程）
- 这本书……我们有（举起一本书）……书是上课必需的。对……上学必需的。你有书。（教师提醒学生带书来上课）

原文

- *In your house, you... a tub... you (gestures) wash.* (The teacher is explaining the meaning of "wash".)
- *I want to speak another person. He not here. What good thing for say now?* (The teacher is explaining how to take telephone messages.)
- *Not other students listen. I no want. Necessary you speak. Maybe I say what is your name. The writing not important.* (The teacher is explaining an interview procedure.)
- *The book... we have... (holds up books)... book is necessary for class. Right... necessary for school. You have book.* (The teacher is reminding the students to bring their books to class.)

这些例子可能有些极端，但都说明教师在尽量给学生提供可理解性输入的同时，可能有时会形成一些不符合自然语言的表达。

思考与讨论

1. 回顾150页的教师语言变换策略。你（或你观课的教师）最常用哪些策略？哪些策略对学习者最有帮助？
2. 你认为在多大程度上教师需要在教学中进行语言变换？这种变换的优缺点是什么？
3. 如何避免过度使用教师语言或者特别不自然的语言变体？

第二节 教师提问语

研究表明，提问是教师最常用的技巧之一。在某些课堂上，超过一半的时间都是问答时间（Gall，1984）。提问在教学中广泛应用的几点原因如下：

- 提问可以激发并保持学生的学习兴趣。
- 提问鼓励学生集中思考讲授的内容。

- 提问可以帮助教师厘清学生说话的意思。
- 提问可以启发学生使用某一特定语法结构或词汇。
- 提问可以检查学生的理解程度。
- 提问可以鼓励学生参与课堂。

第二语言研究者还研究了教师提问（teachers' questions）在第二语言学习课堂中的作用。他们认为提问在语言习得中扮演着重要的角色。“提问可以让学习者持续性地参与到谈话中，甚至可以通过调适使语言更易理解，与个人也更相关”（Banbrook & Skehan，1989：142）。

一、提问的类型

对问题的分类有很多种不同的方法（Mehan，1979；Sinclair & Brazil，1982；White & Lightbown，1984），研究者已经注意到，有时很难区分这些问题或直接把它们归为某一类（Banbrook & Skehan，1989）。为了检测课堂中问题的作用，此处要区分三类问题：程序性问题（procedural questions）、趋同性问题（convergent questions）和趋异性问题（divergent questions）。

第一，**程序性问题**。程序性问题与课堂教学程序和教学日常工作以及课堂管理相关，与学习内容无关。例如，当教师检查学生是否完成了作业，教师的任务指令是否清晰，以及学生是否为新任务做好准备时，一般问下列问题：

- 大家都带作业了吗？
- 你们都明白要做什么了吗？
- 你们还需要多长时间？
- 我在黑板上写的你们都会读吗？
- 有人带字典到班级了吗？
- 你为什么没做作业？

程序性问题与旨在帮助学生掌握教学内容的问题有不同的作用。教师提出的很多问题的目的都是帮助学生掌握教学内容、帮助学生理解和促进课堂互动。根据问题引出答案的类型，可以将教师的提问分为两种：趋同性问题和趋异性问题。

第二，**趋同性问题**。这类问题鼓励学生做出相似的回答，或是围绕一个主题进行回答。这种答案通常比较短，例如“是”“不是”，或者简短的陈述。学生一般不需要深入的思考就可以给出答案，不过通常要集中精力回想先前呈现的信息。为了帮助学生提高听力技能，增加词汇量，提高全班的参与度，语言教师一般在使用其他教学技巧之前会快速地提出一系列趋同性问题（见第七章）。例如，某位教师采用下列趋同性问题导入一节阅读课，集中讨论计算机在日常生活中的作用。在正式授课前，她通过提出以下趋同性问题来引导学生进入文章的主题：

- 你家里几个人有自己的电脑？
- 你每天都用电脑吗？
- 你主要用电脑做什么？
- 在你家里还有哪些其他的机器？
- 一些电脑公司的名字是什么？
- 软件和硬件的区别是什么？

第三，**趋异性问题**。和趋同性问题相反，趋异性问题鼓励学生做出不同的回答，答案不能太短，要求学生进行深入思考。趋异性问题鼓励学生提出自己的见解，而不是复述先前已经呈现的信息。例如，问完上述的趋同性问题后，教师会继续问以下的趋异性问题：

- 计算机如何对社会经济产生影响？
- 如果没有计算机，今天的商业活动会是怎样？
- 你认为计算机对社会有负面影响吗？
- 在教育领域，推广使用计算机的最佳方法是什么？

二、提问技巧（questioning skills）

考虑到提问是一项重要的教学策略，教学提问的技巧在师范教育中受到了高度重视。研究者们已经发现，以下三点是影响教师提问技巧的主要因素：

第一，**教师用到的问题类型的范畴**。观察表明，教师倾向于提出趋同性问题，而非趋异性问题。这些问题不是为了启发学生和增进课堂交流，而是为了促进学生回忆课堂所学的内容。由于趋同性问题的答案都比较简短，这类问题给学生提供的产出和练习目的语的机会同样是有限的。 Long & Sato（1983）对比了在自然语境和教室环境下，“展示性问题”（display questions）（即用来引出或显示特定结构的、教师知道答案的问题）和“参考性问题”（referential questions）（即教师不知道答案的问题）的数量，发现在自然语境下参考性问题比展示性问题多，然而在英语作为第二语言教学的全班教学中，展示性问题却远多于参考性问题。

第二，**学生的参与度**。在很多课堂中，学生可能有机会回答问题，但却很少有机会自己提出问题。甚至当教师给学生机会提问和回答时，教师也只是向少部分在教师行动区域内的学生提问（见第七章）。Jackson & Lahaderne（1967）的研究发现，有些学生被叫起来回答问题的概率是其他人的 25 倍。在语言课堂中，学生的语言水平不同，有些学生可能不太会回答问题，为了维持课堂气氛的活跃度，教师可能只叫那些有可能会回答出问题的学生。这样教师直接提问某些学生的倾向就更为明显了。

第三，**等待时间（wait-time）**。教师提问技巧的另一个重要维度就是等待时间，即教师问完问题以后点学生名回答之前，复述问题，将问题转向另一个学生，或者给出答案时所等待的时长（Rowe，1974，转引自 Kindsvatter 等，1988）。教师的等待时间通常都比较短（比如一秒钟），这么短的时间学生很难做出反应。如果等待时间增至 3 ～ 5 秒钟，学生参与的数量和质量都会提高（Long 等，1984）。

思考与讨论

1. 语言课堂中，何种情况下运用趋同性问题是有效的？何种情况下这种问题不太有效？教师如何保证课堂上趋同性问题和趋异性问题的平衡？

2. 有哪几种教师监控自身提问技巧的方式？讨论一下每种方式的优点和缺点。

第三节　教师反馈语

对学习者的学习成绩予以反馈是教学的另一个重要方面。反馈可能是正面的，也可能是负面的。不仅可以让学习者知道自己学得怎么样，还可以增强学习动机，创造良好的课堂氛围。在语言课堂中，对学生口语表达的反馈可以针对学生输出的内容，也可以针对语言表达的形式。

一、基于内容的反馈

有多种策略可对内容做出反馈。比如：

肯定正确的答案。教师肯定学生答案的正确性，例如可以说“很好”“对，你答对了”或者“不错”。

提示不正确的答案。教师可以提示学生的答案不正确，例如可以说“不，这个不太对”或者“嗯”。

夸赞。教师赞扬学生的答案，例如说“对，很好的回答”。

扩展或修饰学生的答案。对于模糊或者不完整的答案，教师提供更多的信息，或用自己的话语表述答案。例如：

师：有人知道美国的首都在哪里吗？

生：华盛顿。

师：对，华盛顿特区，坐落在东海岸。

重复。教师重复学生的答案。

总结。教师总结一个学生或者一组学生的话。

评判。教师对学生的回答做出评价。例如：

师：雷蒙德，你能指出这段的中心句吗？

生：第一句。

师：怎么会是第一句呢？记住，我说过第一句不总是每段的中心句。再找一找！

二、基于形式的反馈

在语言课堂中，教师常常对学生语言的准确性做出反馈。错误反馈涉及很多问题，包括这几个方面的决定：（1）教师是否有必要纠正学生的错误；（2）需要纠正哪些错误；（3）怎样纠正学习者的错误（Hendrickson，1978）。

学生与教师对于纠错经常有不同的倾向。Nunan（1988）在报告中指出，澳大利亚的成年学习者非常重视纠错，可是该地区的教师并不认为纠错很重要。其他地区也有相似的情况（Chaudron，1988）。

有关教师纠错倾向的研究表明，教师更注重纠正内容上的错误，其次是词汇、语法和发音上的错误（Chaudron，1988）。

在语言教学领域，应该如何纠正学习者错误的问题得到了极大的关注（Harmer，1991；Omaggio，1986）。可以通过不同的方式实现对形式的反馈，如：

- 让学生复述他 / 她说过的话。
- 指出错误并要求学生自己改正。
- 对错误进行评价，直接解释错误的原因，学生不需要重复错误的形式。
- 让其他学生改正错误。
- 运用手势对错误进行暗示。

下面是某位教师在课堂互动过程中采取的不同的纠错方式。她正在询问学生开始学习的时间：

师：你从什么时候开始的？（用手势点名）

生4：我从一月十一号开始在 Excess 学习的。

师：你什么时候到的？你是在一月十一号到的，对吧？那么你应该是在隔一天才开始学习的，对吧？

生2：一月十一号

生5：不，我们是十三号开始的

师：从一月十三号开始的。那你是什么时候在 Essex 开始的呢？（用手势点名）

生 1：我是从一月十三号开始在 Essex 学习的。
师：一月十三号。
生 1：是的。
师：请再说一次。
生 1：我从一月十三号开始在 Essex 学的。
师：Eulyces [停顿]
我开始。(started)
生 2：我开始 (stotted)
师：开始 (Started)
生 1：开始 (Start)
生 2：我……（转头和生 1 用西班牙语交谈）我开始，在 Essess，在一月十四号。
师：我
生 2：一月十四号
师：我从一月十三号开始在 Essex 学习的。来，Eulyces，在一月十三号……
生 2：在……
师：十三号
生 2：在一月十四号
师：一月
生 2：一月
师：在一月十三号
生 2：在一月十四号
师：大家一起念，在十三号
全体学生：在一月十三号
师：好了，我在 Essex 开始学习（手势示意全班一起）
全体学生：我从一月十三号开始在 Essex 学习。
师：很好，很好。你们以前上过大学吗？

原文

T: When did your start? [nominates by gesture]
S4: I start in Excess since the eleventh of January.
T: When did you arrive? You arrived on the eleventh of January, did you? You must have started the next day, did you?
S2: The eleventh of January

S5: No, I we start at thirteenth

T: On the thirteenth of January. When did you start at Essex? [nominates by gesture]

S1: I start at Essex on the thirteenth of January.

T: On the thirteenth of January.

S1: Yes

T: Again.

S1: I start at Essex on the thirteenth of January.

T: Eulyces [pause]

I started

S2: I stotted

T: Started

S1: Start

S2: I... ( ) [aside to S1 in Spanish] I start on on Essess eh fourteen of January

T: I

S2: Fourteenth January

T: I started at Essex on the thirteenth of January. All right Eulyces: on the thirteenth of January...

S2: On the th-

T: Thirteenth

S2: On the fourteenth of January

T: Of January

S2: Of January

T: On the thirteenth of January

S2: On fourteenth of January

T: All together... on the thirteenth

SSS: On the thirteenth of January

T: All right. I started at Essex [gestures for choral response]

SSS: I started at Essex on the thirteenth of January.

T: Good. Good. Were you at university before?

（Allwright，1975：108 ～ 109）

在这段节选中，这位教师既纠正了学习者话语形式上的错误，也纠正了内容上的错误。在这段节选的开始，教师忽略了语法上的错误，但纠正了日期这一事实上的错误。学习者改正了日期的错误后，教师说了正确的短语。在接下来的表达中，学生又犯了动词时态的错误，但是教师忽略了这个错误，只复述了正确的日期，并要求学生跟着复述一遍。这个动词时态的错误再一次出现，此时教师让另一位同学回答。这位同学迟疑的时候，教师用正确的动词时态示范了句子的起始部分。这位学生出现了发音的错误，教师用正确的形式予以纠正。然而，这位学生在用西班牙语与其他学生交谈之后，却重复了那位学生的动词时态错误，并没有重复教师提供的正确的形式。教师又一次示范了正确的句子，似乎察觉到这项任务对学生 2（S2）来说难度较大，因此再次示范了最后的短语。在节选的最后，教师以全班一起复述的形式改正了这些错误。

Allwright（1975）发现，教师通常对学生的错误提供较为模糊的反馈。他们不明确地告诉学生错在哪里和为什么错了，而是更倾向于仅仅重复正确的目标语的形式。教师也可能会有纠正谁的错误和纠正什么错误前后不一致的情况。举例来说，教师可能会纠正某些学生的错误，而有的学生犯了同样的错误，教师并没有纠正；教师也可能会纠正一个关于时态的错误，但却在其他时候忽略这个时态的错误。Allwright（1975）提出了一个可以避免学习者产生困惑，保证教师纠错一致性的方法。Allwright & Bailey（1991）注意到，仅仅因为学生的答案不是预期的，教师就会打断或更正学生的发言。他们把这样的情况称为“错误的课堂用语”。他们认为这样的课堂话语错误会产生相反效果，并得出结论：

> 教师通过纠正错误，试着帮助学生促进其中介语的发展，但不合时机的纠错并不会对学生有所帮助，如果教师纠错超出了学习者的中介语发展阶段，甚至是有害的。
>
> （Allwright & Bailey，1991：92）

在练习活动中减少学生错误率也可以降低纠错反馈的需求。Rosenshine & Stevens（1986）针对此问题的建议如下：

- 将指令拆分成小步骤。给学生指令或练习，使其完成一步后再进入下一步。
- 尽可能给学生提供详尽的技能示范。
- 示范时穿插着问题，以便使学生能够一直保持对课堂的关注度，也便于检查学生的理解程度。
- 学生在完成作业前先在教师监控下做练习，以便于教师在学生养成错误习惯以前及时纠错。
- 对于特别令人困惑的材料，教师可以先对学生进行指导，从而起到预先纠错的作用。
- 提供足够的独立练习，既要保证句子的长度，也要保证练习的数量，通过延伸学习让学生真正掌握要点（让学习进度较慢的学生进行一些补充的活动）。
- 如有需要，教师可以重教一次。

（Rosenshine & Stevens，1986：383）

思考与讨论

1. 教师纠正学生的错误有哪些作用？当学生反复出现同样的错误时，教师应该怎么做？
2. 你发现最有效的纠错方式是什么（或你认为可能最有效的方法是什么）？
3. 想出一组你非常熟悉的学习者。你认为他们对纠错的看法和态度是什么？

第四节　课堂学生用语

对很多语言学习者而言，课堂是他们有机会使用目的语的主要场所，所以学生在课上用的语言对他们的语言发展具有重要意义。学生在课上使用目的语实现各种各样不同的目的，包括与教师和其他学生互动，使用语言进行谈判，完成学习活动、作业。研究学生的语言主要集中在两个方面，一是从交际功能（communicative functions）角度，另一个是从完成特定的学习活动的需求角度来理解学生语言。

一、课堂互动的交际功能

课堂是处理某种具体事务的地点。Rosenshine & Stevens（1986）界定了六种基本的教学功能：

（1）复习，检查先前的作业（如有需要，教师可以再重教一次）。
（2）呈现新的内容 / 技巧。
（3）引导学生练习（并检查学生的理解程度）。
（4）给予反馈。
（5）为学生提供自主练习。
（6）评价学生的学习。

（Rosenshine & Stevens，1986）

还有一些研究者对课堂交流中一再出现的交际功能或言语行为进行了研究（Cazden，John & Hymes，1972；Sinclair & Coulthard，1975）。Cathcart（1986）对北加利福尼亚州双语幼儿园的语言使用情况进行了研究，她收集了 8 位西班牙语为母语的儿童在课堂上的数据，并制作了交际功能分类表来描述他们在课堂上的语言使用情况，如下所示：

交际行为功能分类

控制

导入	
引起注意	“嘿！看！”
要求对象	“把那个给我。”
要求行为	“过来。”
邀请，提供	“你想要点吗？”
警告，威胁	“如果你这么做了，我会……”
请求准许	“我可以走了吗？”
抗议，禁止	“不要碰它。”
要求，分配	
——所有	“这是我的。”
——角色	“你是爸爸。”
抱怨	“他打我。”
支持	
重复，确认	“继续，继续。”
添加，延伸	“是的，你也一样。”
阐明	“这个意思是狗。”
强化	“我是（这么）做了。”
回应	
顺从	“好的。”
拒绝	“不。”
忽略	

信息

宣告、开创或描述方式	“你猜怎么着？”
描述对象	“这是一个牛仔。”
描述行为	“他在唱歌。”
位置	“就在那儿。”
属性	“我的是绿色的。”
功能	“这是用来写作的。”
原因	“因为我发现了它。”
陈述意图	“他将会这么做。”
阐明	“我说：‘他是。’”

表达	
表达意见	“我喜欢男孩。”
内部状态	“我感到恶心。”
自我陪伴	“现在，我在泡茶。”
表达意图	“我将会修好它。”
个人经验	“我们去墨西哥了。”
侮辱，抱怨	“你好丑。”
吹牛	“我大一些。”
大声喊出	“噢！不！”
要求	
请求信息	
——指令	“你怎么做？”
——描述	“虫子长什么样？”
——意图	“你要做什么？”
请求阐明	“什么？”
回应	
给出说明	“是的，绿色的。”
给予信息	
——描述对象	
——描述行为	
——位置	
——属性	
——功能	
——原因	
否认，反驳	“我不会这么做的。”
评价	“那是一本好书。”
转换，避免，忽略	“我不知道。”
模仿	
确认	“是。”

社会常规

界限标记语	“课间休息时间”
礼貌标记语	“谢谢”
问候	“你好”

语言游戏

声音效果	“呃呃呃呃呃呃”
文字游戏，吟唱	“窝窝咕咕哒”
阅读	“很久很久以前……”

原文

Taxonomy of Communicative Act Functions

Control:	
Initiate	
Call attention	“Hey, lookit.”
Request object	“Gimme that.”
Request action	“Come here.”
Invite, offer	“Do you want some?”
Warn, threaten	“If you do, I’ll...”
Request permission	“Can I go?”
Protest, prohibit	“Don’t touch it.”
Claim, assign	
Possessions	“This is mine.”
Roles	“You’re the daddy.”
Complain	“He hit me.”
Support	
Repeat, confirm	“Go on. Go on.”
Add, expand	“Yes, and you too.”
Clarify	“That means dog.”
Intensify	“I did.”
Respond	
Comply	“OK.”
Refuse	“No.”
Ignore	
Information:	
Announce, format initiate or describe	“Guess what?”
Label object	“That’s a cowboy.”

Label action	"He's singing."
Location	"It's over there."
Attribute	"Mine's green."
Function	"It's for writing."
Reason	"Because I found it."
State intent	"He's gonna do it."
Clarify	"I said, 'He's it.'"
Express	
Express opinion	"I like boys."
Internal state	"I feel sick."
Accompany self	"Now, I'm making tea."
Express intent	"I'm gonna fix it."
Personal experience	"We went to Mexico."
Insult, complain	"You're ugly."
Brag	"I'm bigger."
Exclaim	"Oh, no."
Request	
Request information	
Instruction	"How do you do it?"
Description	"What does a bug look like?"
Intent	"What are you gonna do?"
Request clarification	"What?"
Respond	
Give clarification	"Yeh, a green one."
Give information	
Label object	
Label action	
Location	
Attribution	
Function	
Reason	
Deny, contradict	"I won't do it."
Evaluate	"That's a good book."
Shift, avoid, ignore	"I dunno."

Imitate	
Confirm	"Yeh."
Social routine:	
Boundary markers	"Recess time"
Politeness markers	"Thanks"
Greetings	"Hi"
Play with language	
Sound effects	"rrrrrr"
Word play, chants	"woo woo goo goo daa"
"Reading"	"Once upon a time..."

（Cathcart，1986：137）

根据学习者的年龄、教学内容、活动种类和学习安排，学习者使用的语言有不同的功能。

Cathcart的数据表明了一些已被证实的学生课堂交际用语的特点（例如Ellis，1984），即有一些套话，或者称为"公式性话语"（formulaic speech），用来执行特定的功能。公式性话语是在特定情境中使用的固定模式。比如，Ellis（1984）在课堂互动的研究中列出了以下公式性话语：

情境性公式（situational formulas）。与特定情境相关。比如，在完成一个任务以后，我们说"完成"；对游戏或课堂任务进行自我鼓励，我们说"很好"。

语体性公式（stylistic formulas）。与特定的话语形式相关。例如，一个正式的请求用语"请问我可以借用一下您的橡皮吗？"（这是一个学习者向教师或其他学习者借用物品的正式说法。）

礼节性公式（ceremonial formulas）。与有礼貌的互动相关。例如问候的时候，我们说"你好吗？"为了吸引老师的注意力，我们说"对不起，打扰一下。"感叹的时候，我们说"噢，不！"

开场白（gambits）。用以组织互动和活动。例如确定课堂活动的性质时，我们说"是这一个还是那一个？"为了识别对象，我们说"这是什么？"缺乏知识或无法回答时，我们说"我不知道。"确认行为步骤时，我们说"好极了！"

（Ellis，1984：66～69）

第二语言习得研究者认为，在语言学习的最初阶段，语言功能是由诸如此类的固定表达或者上面所列的公式所承载的（Krashen & Terrell，1983）。对学习者而言，这些都是非常有效的交际策略，当他们缺少比较复杂的语言表达方式时，这些策略可以满足他们很多的交际需求。

“非正式第二语言习得者经常在早期未完全具备习得能力时大量使用规则和公式”（Krashen & Terrell，1983：43）。他们认为，随着语言能力的发展，学习者使用的公式会越来越少，输出更多样的句式和结构。

二、学习活动中使用的语言

如同我们在第八章中所探讨的，教师往往通过学习活动的选择来实现特定类型的交际互动和语言实践的目的。比如解决问题或角色扮演活动的目的是语言交际和练习轮流表达、提问、澄清。很多研究者对学习者在完成这些活动时所使用的语言进行了研究，具体的研究问题如下：

- 在语言有缺陷的情况下，如何有效地使学习者运用第二语言或外语理解并传达消息？
- 学习者如何准确地使用语言？
- 学习者如何得体地使用语言？
- 哪些方面需要提高（如语法、词汇、得体性、拼写、发音）？
- 采用哪些策略能弥补这些不足？
- 在何种程度上学习者进行自我监控和自我纠正？他们如何成功地进行自我纠正？
- 学习者语言知识和交际表现之间存在何种联系？
- 母语者对他们的表达是如何反应的？

（Green & Hecht，1989：95）

许多研究者对学习者完成交际任务时语言使用的质量进行了研究（Day，1986；Ellis，1985）。对这一问题有两个维度的结论：一是与语言形式的正确性有关（即准确的语法和发音）；另一个与交际的得体性（communicative appropriacy）有关（如语言的正式性与非正式性、礼貌性、真实性等相对应）。

对于语法的准确性，学习者有时会在完成课堂任务，如成对讨论或小组讨论时，使用不恰当的语法形式（Porter，1986）。Higgs & Clifford（1982）指出，如果没有给学习者提供足够的语言提示，让其进行非结构性的自由会话任务，会导致学习者产出错误的语言，出现石化现象（fossilization），即永久地建立错误语法结构，特别是那些语言水平较低的学习者。Porter（1986）发现，在完成课堂交际任务时，学习者有时会使用一些在社会语言学上不恰当的表达方式，例如不得体地表述意见、赞同或者反对。“这些调查结果……表明，只有母语者（或者也许是语言非常地道的非母语者）才能提供真正得体的输入，建立社会语言学学能”（Porter，1986：218）。

但 Lynch（1989）提出了下面的例子。这个例子是对准中级水平的学习者在两人一组完成标记城市地图上的一条路线时所提出问题的研究。这些例子表明，交际活动的确给学生提供了练习提问题的机会。学生所提的问题也大体能够遵循正确的英语语序。而所存在的问题，诸如缺少助动词、冠词等，也只不过是学习者在这一发展阶段语言使用的正常表现而已。

该做什么?
你愿意重复吗?
左还是右?
下去吗?
Ibrahim，你明白吗?
向左转吗?
这个吗?
宝塔在哪里?
门在哪里?
你怎么才能知道?
哪一个?
哪一个宝塔?
你不明白吗?
你想问老师吗?
但你怎么能左转?
你什么时候右转的?
你怎么确定?
这是解释吗?
为什么你需要练习“听”?
国家的什么?
哪里下车?
纪念碑在哪里?
从哪条路走?

国家宫吗?
国家纪念碑在哪里?
你怎么知道它是什么?
路的名称是什么?
什么是瓦特路?
你听到“搭公交”吗?
那是国家纪念碑?
“国家”——你能写出来吗?
“雕像”是什么意思?
哪一个市场?
这一个?
清楚了吗?
是博物馆还是……?
哪里要第一次左转?
国家博物馆在哪里?
你从哪个门出来?
从这一边?
丝绸织造厂吗?
你愿意再听一次吗?
它在塔里吗?
最近的工厂在这里吗?
这工厂是做丝绸的吗，是不是丝绸织造厂?
你听到“右转”吗?

原文

What to do?
Are you agree to repeat?
Right or left?
Go down?
Ibrahim, what you understand?
Turn left this one?
This one?

National palace this one?
Where is the national monument?
How you know it is?
What’s the name of the road?
What is Vat road?
Your hear “by bus”?
That’s the national monument?

Where is pagoda?	"National" – may you write?
Where is the door?	What does "Statue" mean?
How will you know?	Which one market?
Which one?	This one?
Which one pagoda?	Clear?
You didn't understand?	Is it museum or...?
Do you want to ask teacher?	Where is first left?
But how can you turn left?	Where is national museum?
When did you turn right?	From which door you come out?
How do you sure?	From this side?
Is this explain?	Silk mill?
Why you need to listen and make it?	Do you agree to listen again?
National what?	It is in the tower?
Where down?	Near factory is here?
Where is monument?	Is factory for silk, silk mill?
From which way?	Did you hear "turn right"?

（Lynch，1989：121 ～ 122）

正如本章所述，有许多因素影响教师语言的数量、质量以及学习者在指令下生成的语言。由于获取数据的过程可能会影响所收集的信息的质量，因此在收集和分析课堂语言的数据时有时会出现问题。但是，由于语言使用能呈现出学生的语言水平和学习程度，因此关注课堂语言应用本质的研究是我们有效理解语言教学的核心。

思考与讨论

1. 回顾一下 160 ～ 164 页的关于幼儿园双语课堂的语言功能的分类。有多少功能是其他 ESL 的课堂也具有的？哪些课堂功能会促进你熟悉的学习者使用英语？

2. 你可以给 164 页的四种公式性话语补充其他的例子吗？学习者在课堂上经常会使用哪种公式？你在语言课堂上是否观察到 ESL 的学习者使用其他类型的公式性话语的例子？

3. 你还能给出哪些可以让学习者输出特定的语言形式或交际功能的课堂活动的例子？在学习者完成一项交际性学习活动时，如角色扮演或信息差的任务，如何对学习者应用语言的质量进行反馈？

后续活动

一、教学日志活动

1. 从师生互动的观点观察自己或另外一位教师的课堂教学。交际问题是怎样处理的？你自己（或另一位授课教师）是使用什么样的策略促进交流的？这对课堂语言质量有什么影响？

2. 描述你对学习者错误的处理方式。你（或是你听课班级的教师）是否有自己的一套策略？你（或是这位教师）经常使用这些策略吗？

二、调查任务

1. 录下自己（或是听课班级）的一次课。你（或是那位教师）是用什么策略帮助学生理解教学内容的？

2. 回顾问题 1 的录音记录，这次特别注意教师提问的情况。把这些问题尽量按照程序性问题、趋同性问题和趋异性问题进行分类。录音中还出现其他类型的问题了吗？

3. 准备一组可能在语言课堂上（如阅读或听力课的一部分）用到的趋同性问题和趋异性问题。用这些问题授课并录音。观察这两组问题的回答是否有明显的差异。

4. 访问一组学生，了解他们对教师纠错的看法。他们认为哪些是最有用的纠错策略？

5. 给一组正在完成交际任务（如成对任务或小组任务）的学生录音。然后听录音，找出以下这些方面的例子：

（1）交际策略

（2）自我纠正

（3）请求教师进一步明确要求

学生语言的语法正确程度与交际得体程度如何？

三、同伴观察任务

1. 观摩一堂课，计算一下教师的等待时间。每节课的平均等待时间是多长？你觉得教师的等待时长是否让学生有足够的时间回答？然后邀请教师观摩你的教学，记录你的一节课的等待时间。

2. 观摩一堂课，主要关注教师对学生的纠错策略。教师是如何并在何时纠正学习者的错误的？然后邀请教师观摩你的课，并记录下你使用的纠错策略。观摩结束后，互相讨论一下这些课上使用的纠错策略的效果。

行动研究案例 7

有关纠正错误的研究

这是由几位在私立语言学校教授英语的教师完成的研究。

一、最初的反思

我们担忧的是，作为一个团体，我们不知道应该如何纠正学生的错误，也不知道我们的纠错策略是否有效。阅读一些与纠错有关的文献之后，我们意识到教师经常在纠错策略上前后矛盾。我们希望提出能让我们的教师遵循的切实可行的方针。

二、规划与行动

我们集中探讨教师对学习者口语错误的反应。我们决定录制 15 个两小时时长的不同水平的教学录像。我们告诉学生录像的目的，然后进行录制，接着对数据进行分析。分析时，我们首先回顾整个视频，对每个活动进行定时，计算学习者出错的数量，计算每个活动期间教师纠正了多少错误。我们用这个信息找出何时教师纠错最多，何时教师纠错最少。接着我们选择课程中那些学生经常出错的部分，再次回顾这部分，确认学生所犯错误的类型，教师纠正了哪些错误，以及如何纠正的。

三、观察

我们发现，我们纠正的初级水平中最常见的错误与代词、词序和发音有关。大部分错误导致了词不达意。教师指出学生话语中的错误是因为他们没有理解这些错误。纠正错误的数量要视班级水平而定。在准中级班上，80% 的错误被忽视了，而在初级和中级班上，只有 30% 的错误被忽视。我们也发现，在开放式的交际活动或没有引导的讨论中，纠正得比较少。我们还发现，通常的纠错策略是打断学习者并重复正确的形式，然后学习者自动重复教师说过的话。

四、反思

关于如何处理纠错的观察引发了此论题的若干讨论。通常，我们认为我们纠正的错误类型和纠正的时间是恰当的。然而，我们好像运用了一套非常有限的纠错技巧，我们对这种状况不太满意。因此，我们考察了其他可能的纠错策略，并在我们的课上有意识地尝试实施这些替代性策略。我们正在计划这个行动研究项目的第二轮，以确认我们是否已经能够拓展纠错策略的套路，以及提高这些套路的有效性。

后　　记

本书从独特的教师发展角度呈现了很多英语作为第二语言教学的教学案例。传统的语言教学观点认为，语言教学是一门应用科学，即应用语言学。作为教学基础的重要理论和知识都在课堂教学活动中展示。教师的工作实际上就是在课堂上应用这些知识。当教师开始教学时，他们需要控制教学中很多“突发性事件”（trivial），例如怎样处理日常课堂的技巧和流程。教师只有将教学与其在“英语作为第二语言的教学硕士学位”或者类似课程中所学到的理论和原则紧密结合，才能提高自身的教学水平。

然而，反思性教学的概念和其他以探究为导向的教学方法一样，对教师发展的本质做出了不同的假设。这个对自身教学的反思过程被认定为增长教学知识和教学理论的必不可少的部分，因此也是其职业发展的关键要素。这个过程贯穿于教师的整个职业生涯。尽管必不可少，正规的教师教育仅是教师发展中的一个最初的阶段。Zeichner（1992）指出：

“……学习如何教学是一个贯穿于教师整个职业生涯的过程，无论我们在教师培训过程中做了什么、做得多好，至多只是让教师准备好开始教学。因此，教师培训者应致力于帮助未来的教师将品质与技能内化在他们学习教学的过程之中，并让时间把他们历练成更出色的教师，也就是说，让教师自己对他们的专业发展负责。”

（Zeichner，1992：297）

为了发展批判反思性教学方法，全书探索了很多语言教学的重要问题。为了探索教学，我们有必要将其分解成几个部分，但事实上，书中所讨论的问题是相互重叠和相互关联的。书中所包含的这些话题不一定普遍出现在英语作为第二语言的方法论课程，但是是值得我们关注的在不同水平的语言教学和不同情境教学中反复出现的重要问题。这些也是在教学文献中被广为设定的且有相当长的研究历史的问题（Wittrock，1986）。

Freeman（1992a）认为，教师教育所面临的核心挑战是了解教师如何认知自己所做的事情，以及他们是如何理解新方法并行动的。然而，我们不可能仅仅通过将教师置于研究或理论中来找到答案，而是要以教师自己所建立的教学理论为基础，利用教师自身的知识、技能、训练和教学经验来探寻答案。本书所聚焦的批判性反思过程正是实现这种专业成长的有效途径。

参考文献

Adams, R., and Biddle, B. 1970. *Realities of Teaching: Explorations with Video Tape.* New York: Holt, Rinehart & Winston.

Allwright, D. 1975. Problems in the study of the teacher's treatment of learner error. In M. Burt and H. Dulay (eds.), *On TESOL 75: New Directions in Second Language Learning, Teaching, and Bilingual Education.* Washington, D.C.: TESOL. pp. 96-109.

Allwright, D. 1988. *Observation in the Language Classroom.* New York: Longman.

Allwright, D., and Bailey, K. 1991. *Focus on the Language Classroom: An Introduction to Classroom Research for Language Teachers.* Cambridge: Cambridge University Press.

Bailey, K. M. 1990. The use of diary studies in teacher education programs. In J. C. Richards and D. Nunan (eds.), *Second Language Teacher Education.* New York: Cambridge University Press. pp. 215-226.

Banbrook, L., and Skehan, P. 1989. Classroom and display questions. In C. Brumfit and R. Mitchel (eds.), *Research in the Language Classroom.* London: Modern English Publications in association with The British Council.

Barr, P., Clegg, J., and Wallace, C. 1981. *Advanced Reading Skills.* Essex: Longman.

Bartlett, L. 1987. History with hindsight: curriculum issues and directions in the AMEP. In J. Burton (ed.), *Implementing the Learner-Centred Curriculum.* Adelaide, Australia: National Curriculum Resource Centre. pp. 141-155.

Bartlett, L. 1990. Teacher development through reflective teaching. In J. C. Richards and D. Nunan (eds.), *Second Language Teacher Education.* New York: Cambridge University Press. pp. 202-214.

Bartlett, L., and Butler, J. 1985. The planned curriculum and being a curriculum planner in the Adult Migrant Education Program. Report to the Committee of Review of the Adult Migrant Education Program, Department of Immigration and Ethnic Affairs, Canberra.

Bialystok, E. 1978. A theoretical model of second language learning. *Language Learning* 28: 69-83.

Biggs, J. B., and Telfer, R. 1987. *The Process of Learning.* Sydney: Prentice-Hall of Australia.

Bondy, E. 1990. Seeing it their way: what children's definitions of reading tell us about improving teacher education. *Journal of Teacher Education* 41, 5: 33-45.

Breen, M., and Candlin, C. N. 1980. The essentials of a communicative curriculum in language teaching. *Applied Linguistics* 7, 2: 89-112.

Brick, J. 1991. *China: A Handbook in Intercultural Communication.* Sydney, Australia: National Centre for English Language Teaching and Research.

Brindley, G. R. 1984. *Needs Analysis and Objective Setting in the Adult Migrant Education Program.* Australia: AMES.

Brock, M., Yu, B., and Wong, M. 1992. "Journaling" together: collaborative diary-keeping and teacher development. In J. Flowerdew, M. Brock, and S. Hsia (eds.), *Perspectives on Second Language Teacher Development.* Hong Kong: City Polytechnic of Hong Kong. pp. 295-307.

Brophy, J., and Good, T. 1986. Teacher behavior and student achievement. In M. C. Wittrock (ed.), *Handbook of Research on Teaching,* 3rd ed. New York: Macmillan. pp. 328-375.

Brown, G. 1975. *Microteaching.* New York: Methuen.

Butler, J., and Bartlett, L. 1986. The active voice of teachers: curriculum planning in the AMEP. *Prospect* 2, 1: 13-28.

Cathcart, R. 1986. Situational differences and the sampling of young children's school language. In R. Day (ed.), *Talking to Learn: Conversation in Second Language Acquisition.* Rowley, Mass.: Newbury House. pp. 118-142.

Cazden, C. B., John, V. R., and Hymes, D. (eds.), 1972. *Functions of Language in the Classroom.* New York: Teachers College Press.

Chaudron, C. 1988. *Second Language Classrooms: Research on Teaching and Learning.* New York: Cambridge University Press.

Clark, C. M., and Peterson, P. L. 1986. Teachers' thought processes. In M. C. Wittrock (ed.), *Handbook of Research on Teaching,* 3rd ed. New York: Macmillan. pp. 255-296.

Clark, C. M., and Yinger, R. J. 1979. Teachers' thinking. In P. Peterson and H. J. Walberg (eds.), *Research on Teaching.* Berkeley: McCutchen.

Connell, R. W. 1985. *Teachers' Work.* Australia: George Allen & Unwin.

Cross, K. P. 1988. In search of zippers. *Bulletin of the American Association for Higher Education* 40: 3-7.

Day, R. (ed.), 1986. *Talking to Learn: Conversation in Second Language Acquisition.* Rowley, Mass.: Newbury House.

Doff, A., and Jones, C. 1991. *Language in Use: A Pre-intermediate Course.* Cambridge: Cambridge University Press.

Doyle, W. 1986. Classroom organization and management. In M. C. Wittrock (ed.), *Handbook of Research on Teaching,* 3rd ed. New York: Macmillan. pp. 392-431.

Eisner, E. W. 1967. Educational objectives: help or hindrance? *School Review* 75: 250-266.

Ellis, R. 1984. *Classroom Second Language Development.* Oxford: Pergamon Press.

Ellis, R. 1985. *Understanding Second Language Acquisition.* Oxford: Oxford University Press.

Ellis, R., and McClintock, A. 1990. *If You Take My Meaning: Theory into Practice in Human Communication.* London: Edward Arnold.

Fanselow, J. F. 1987. *Breaking Rules: Generating and Exploring Alternatives in Language Teaching.* New York: Longman.

Feiman-Nemser, S., and Floden, R. E. 1986. The cultures of teaching. In M. C. Wittrock (ed.), *Handbook of Research on Teaching,* 3rd ed. New York: Macmillan. pp. 505-526.

Findley, C., and Nathan, L. 1980. Functional language objectives in a competency based ESL curriculum. *TESOL Quarterly* 14, 2: 221-231.

Fisher, C. W., Felby, W., Marliane, R., Cahen, L., Dishaw, M., Moore, J., and Berliner, D. 1978. *Teaching Behaviors, Academic Learning Time, and Student Achievement: Final Report of Phases 111-113.* Beginning Teacher Evaluation Study. San Francisco: Far West Laboratory for Educational Research and Development.

Freeman, D. 1992a. Language teacher education, emerging discourse, and change in classroom practice. In J. Flowerdew, M. Brock, and S. Hsia (eds.), *Perspectives on Second Language Teacher Development.* Hong Kong: City Polytechnic of Hong Kong. pp. 1-21.

Freeman, D. 1992b. Three views of teachers' knowledge. *Teacher Development—The Newsletter of IATEFL Teacher Development Group*, No. 18.

Fujiwara, B. In preparation. Planning an advanced listening comprehension elective for Japanese university students. In K. Graves (ed.), *Teacher-designed Course.*

Gall, M. 1984. Synthesis of research on teachers' questioning. *Educational Leadership* 42: 40-47.

Good, T. L., and Brophy, J. 1987. *Looking in Classrooms.* New York: Harper & Row.

Good, T. L., and Power, C. 1976. Designing successful classroom environments for different types of students. *Journal of Curriculum Studies* 8: 1-16.

Gower R., and Walters, S. 1983. *Teaching Practice Handbook: A Reference Book for EFL Teachers in Training.* London: Heinemann.

Gray, A. 1991. Self-reflection and learner competence. *Carleton Papers in Applied Language Studies* 8: 22-34.

Green, P. S., and Hecht, K. 1989. Investigating learners' language. In C. Brumfit and R. Mitchel (eds.), *Research in the Language Classroom.* London: Modern English Publications in association with The British Council.

Gregory, R. 1988. *Action Research in the Secondary Schools.* London: Routledge, Chapman & Hall.

Halkes, R., and Olson, J. K. 1984. *Teacher Thinking: A New Perspective on Persisting Problems in Education.* Lisse, Netherlands: Swets & Zeitlinger.

Harmer, J. 1991. *The Practice of English Language Teaching,* new ed. London: Longman.

Hartzell, R. W. 1988. *Harmony in Conflict: Active Adaptation to Life in Present-day Chinese Society.* Taipei: Caves Books.

Hatch, E. 1978. *Second Language Acquisition.* Rowley, Mass.: Newbury House.

Hendrickson, J. M. 1978. Error correction in foreign language teaching: recent theory, research, and practice. *Modern Language Journal* 62: 387-398.

Heuring, D. L. 1984. The revision strategies of skilled and unskilled ESL writers: five case studies. Master's thesis. University of Hawaii at Manoa.

Higgs, T., and Clifford, R. 1982. The push toward communication. In T. Higgs (ed.), *Curriculum, Competence, and the Foreign Language Teacher.* Skokie, Ill.: National Textbook.

Horwitz, E. 1987. Surveying student beliefs about language learning. In A. Wenden and J. Rubin (eds.), *Learner Strategies in Language Learning.* London: Prentice-Hall.

Hosenfeld, C. 1977. A preliminary investigation of the reading strategies of successful and non-successful second language learners. *System* 5:110-123.

Hosenfeld, C. A., Kirchofer, V., Laciura, J., and Wilson, L. 1981. Second language reading: a curricular sequence for teaching reading strategies. *Foreign Language Annals* 4: 415-422.

Hubbard, P., Jones, H., Thorton, B., and Wheeler, R. 1983. *A Training Course for TEFL*. Oxford: Oxford University Press.

Hyland, K. 1991. Collaboration in the language classroom. *Prospect* 7, 1: 85-92.

Jackson, P., and Lahaderne, H. 1967. Inequalities of teacher-pupil contacts. *Psychology in the Schools* 4: 204-208.

Johnson, K. 1992a. The relationship between teachers' beliefs and practices during literacy instruction for non-native speakers of English. *Journal of Reading Behavior* 24: 83-108.

Johnson, K. 1992b. The instructional decisions of pre-service English as a second language teachers: new directions for teacher preparation programs. In J. Flowerdew, M. Brock, and S. Hsia (eds.), *Perspectives on Second Language Teacher Development*. Hong Kong: City Polytechnic of Hong Kong. pp. 115-134.

Jones, L., and von Baeyer, C. 1983. *Functions of American English*. New York: Cambridge University Press.

Kagan, S. 1987. *Cooperative Learning Resources for Teachers*. Riverside: University of California.

Keefe, J. 1979. Learning style: an overview. In A. Gregorc (ed.), *Student Learning Styles*. Reston, Va.: National Association of Secondary School Principals.

Kember, D., and Kelly, M. 1992. *Using Action Research to Improve Teaching*. Hong Kong: Hong Kong Polytechnic.

Kemmis, S., and McTaggart, R. 1988. *The Action Research Planner*, 3rd ed. Victoria: Deakin University Press.

Kennedy, N. 1990. *Policy Issues in Teacher Education*. East Lansing, Mich.: National Center for Research on Teacher Education.

Kessler, C. (ed.), 1992. *Cooperative Language Learning*. Englewood Cliffs, N. J.: Prentice-Hall.

Kindsvatter, R., Willen, W., and Ishler, M. 1988. *Dynamics of Effective Teaching*. New York: Longman.

Knowles, L. 1982. *Teaching and Reading*. London: National Council on Industrial Language Training.

Krashen, S. D. 1985. *The Input Hypothesis: Issues and Implications*. New York: Longman.

Krashen, S. D., and Terrell, T. 1983. *The Natural Approach*. Oxford: Pergamon.

Lapp, R. 1984. The process approach to writing: towards a curriculum for international students. Master's thesis. Working Paper available from Department of English as a Second Language, University of Hawaii.

Larsen-Freeman, D. 1986. *Techniques and Principles in Language Teaching*. New York: Oxford University Press.

Leki, I. 1989. *Academic Writing: Techniques and Tasks*. New York: St. Martin's Press.

Levin, T., with Long, R. 1981. *Effective Instruction*. Alexandria, Va.: Association for Supervision and Curriculum Development.

Lewis, L. 1989. Monitoring: prerequisite for evaluation. *Prospect* 4, 3: 63-79.

Littlewood, W. 1986. *Communicative Language Teaching*. Cambridge: Cambridge University Press.

Long, M. H. 1983. Native speaker/non-native speaker conversation in the second language classroom. In M. A. Clark and J. Handscombes (eds.), *On TESOL'82: Pacific Perspectives on Language Learning and Teaching*.

Washington, D.C.: TESOL. pp. 207-225.

Long, M. H., Brock, C., Crookes, G., Deike, C., Potter, L., and Zhang, S. 1984. The effect of teachers' questioning patterns and wait-time on pupil participation in public high school classes in Hawaii for students of limited English proficiency. Technical Report No. 1. Honolulu: Center for Second Language Classroom Research, Social Science Research Institute, University of Hawaii at Manoa.

Long, M. H., and Sato, C. J. 1983. Classroom foreigner talk discourse: forms and functions of teachers' questions. In H. W. Seliger and M. H. Long (eds.), *Classroom Oriented Research in Second Language Acquisition.* Rowley, Mass.: Newbury House. pp. 268-285.

Lortie, D. 1975. *Schoolteacher: A Sociological Study.* Chicago: University of Chicago Press.

Lynch, T. 1989. Researching teachers: behaviour and belief. In C. Brumfit and R. Mitchel (eds.), *Research in the Language Classroom.* Modern English Publications in association with The British Council.

Macdonald, J. B. 1965. Myths about instruction. *Educational Leadership* 22: 571-576.

McGrath, I., Davies, S., and Mulphin, H. 1992. Lesson beginnings. *Edinburgh Working Papers in Applied Linguistics* No. 3: 92-108.

Mehan, D. 1979. *Learning Lessons.* Cambridge: Harvard University Press.

Murphy, J. M. 1991. An etiquette for the non-supervisory observation of L2 classrooms. Paper presented at the 1st International Conference on Teacher Education, City Polytechnic of Hong Kong.

Naiman, N., Frohlich, M., Stern, H., and Todesco, A. 1978. *The Good Language Learner.* Toronto: Ontario Institute for Studies in Education.

Neely, A. M. 1986. Planning and problem solving in teacher education. *Journal of Teacher Education* 32, 3: 29-33.

Nunan, D. 1988. *The Learner-Centred Curriculum.* Cambridge: Cambridge University Press.

Nunan, D. 1989a. *Understanding Language Classrooms: A Guide for Teacher-initiated Action.* Hertfordshire: Prentice-Hall.

Nunan, D. 1989b. *Designing Tasks for the Communicative Classroom.* Cambridge: Cambridge University Press.

Nuttall, C. 1982. *Teaching Reading Skills in a Foreign Language.* London: Heinemann.

Omaggio, A. 1986. *Teaching Language in Context: Proficiency-Oriented Instruction.* Boston, Mass.: Heinle & Heinle Publishers, Inc.

O'Malley, J. M., and Chamot, A. U. 1990. *Learning Strategies in Second Language Acquisiton.* New York: Cambridge University Press.

O'Neill, M., and Reid, J. A. 1985. *Educational and Psychological Characteristics of Students Gifted in English.* Canberra, Australia: Commonwealth Schools Commission.

Oxford, R. 1990. *Language Learning Strategies: What Every Teacher Should Know.* New York: Newbury House.

Pak, J. 1986. *Find Out How You Teach.* Adelaide, Australia: National Curriculum Resource Centre.

Parker, W. C. 1984. Developing teacher's decision making. *Journal of Experimental Education* 52, 4: 220-226.

Pennington, M. 1991. Work satisfaction in teaching English as a second language. Department of English Research

Report No. 5. City Polytechnic of Hong Kong.

Phillips, S. V. 1972. Participant structures and communicative competence: Warm Springs Indian children in community classrooms. In C. Cazden, V. John, and D. Hymes (eds.), *Functions of Language in the Classroom.* New York: Teachers College Press.

Porter, P. 1986. How learners talk to each other: input and interaction in task-centered discussions. In R. Day (ed.), *Talking to Learn: Conversation in Second Language Acquisition.* Rowley, Mass.: Newbury House. pp. 220-222.

Porter, P. A., Goldstein, L. M., Leatherman, J., and Conrad, S. 1990. An ongoing dialogue: learning logs for teacher preparation. In J. C. Richards and D. Nunan (eds.), *Second Language Teacher Education.* New York: Cambridge University Press. pp. 227-240.

Proett, J., and Gill, K. 1986. *The Writing Process in Action: A Handbook for Teachers.* Urbana, Ill.: National Council of Teachers of English.

Reid, J. 1987. The learning style preferences of ESL students. *TESOL Quarterly* 21: 87-103.

Richards, J. C. 1990. *The Language Teaching Matrix.* New York: Cambridge University Press.

Richards, J. C., Ho, B., and Giblin, K. 1992. Learning how to teach: a study of EFL teachers in pre-service training. Department of English Research Report No. 19. City Polytechnic of Hong Kong.

Richards, J. C., and Lockhart, C. 1991-1992. Teacher development through peer observation. *TESOL Journal* 7, 2: 7-10.

Richards, J. C., and Rodgers, T. 1986. *Approaches and Methods in Language Teaching: A Description and Analysis.* New York: Cambridge University Press.

Richards, J. C., Tung, P., and Ng, P. 1991. The culture of the English language teacher: a Hong Kong example. Department of English Research Report No. 6. City Polytechnic of Hong Kong.

Rosenshine, B., and Stevens, R. 1986. Teaching functions. In M. C. Wittrock (ed.), *Handbook of Research on Teaching,* 3rd ed. New York: Macmillan. pp. 376-391.

Rowe, M. B. 1974. Wait time and reward as instructional variables, their influence on language, logic and fate control: Part one—wait time. *Journal of Research on Science Teaching* 11: 81-94.

Rubin, J. 1985. *The Language Learning Disc.* Descriptive pamphlet, Joan Rubin Associates, Berkeley, Calif.

Schinke-Llano, L. 1983. Foreigner talk in content classrooms. In H. W. Seliger and M. H. Long (eds.), *Classroom Oriented Research in Second Language Acquisition.* Rowley, Mass.: Newbury House.

Schratz, M. 1992. Researching while teaching: an action research in higher education. *Studies in Higher Education* 17, I: 81-95.

Shannon, P. 1987. Commercial readings materials, a technological ideology, and the deskilling of teachers. *Elementary School Journal* 87, 3: 307-329.

Shavelson, R. 1973. What is the basic teaching skill? *Journal of Teacher Education* 24, 2: 144-151.

Sinclair, J., and Brazil, D. 1982. *Teacher Talk.* Oxford: Oxford University Press.

Sinclair, J., and Coulthard, M. 1975. *Towards an Analysis of Discourse.* London: Oxford University Press.

Stanley, S. 1990. Negotiating lesson content and structure. *Spoken Language in the Classroom 1.* Adelaide, Australia:

Languages & Multicultural Centre.

Swan, M., and Walter, C. 1990. *The New Cambridge English Course*. Cambridge: Cambridge University Press.

Sy, B. 1991. Student learning style preferences in the EFL classroom. *Applied English Instruction and Management Colloquium Proceedings.* Taipei: Ming Chuan College.

Tikunoff, W. 1985a. *Developing Student Functional Proficiency: Part 1.* Gainesville: University of Florida.

Tikunoff, W. 1985b. *Applying Significant Bilingual Instructional Features in the Classroom.* Rosslyn, Va.: National Clearinghouse for Bilingual Education.

Titone, R. 1968. *Teaching Foreign Languages: An Historical Sketch.* Washington, D.C.: Georgetown University Press.

Tumposky, N. 1991. Student beliefs about language learning: a crosscultural study. *Carleton Papers in Applied Language Studies* 8: 50-65.

Vann, R., and Abraham, R. 1990. Strategies of unsuccessful language learners. *TESOL Quarterly* 24, 2: 177-198.

Walker, D. 1985. Writing and reflection. In D. Boud, R. Keogh, and D. Walker (eds.), *Reflection: Turning Experience into Learning.* London: Kogan Page.

Wallace, M. J. 1991. *Training Foreign Language Teachers: A Reflective Approach.* Cambridge: Cambridge University Press.

White, J., and Lightbown, P. 1984. Asking and answering in ESL classes. *Canadian Modern Language Review* 40: 228-244.

Willing, K. 1988. *Learning Styles in Adult Migrant Education.* Adelaide, Australia: National Curriculum Resource Centre.

Willis, J. 1981. *Teaching English through English.* London: Longman.

Wittrock, M. C. (ed.), 1986. *Handbook of Research on Teaching*, 3rd ed. New York: Macmillan.

Wong-Fillmore, L. 1985. When does teacher talk work as input? In S. Gass and C. Madden (eds.), *Input in Second Language Acquisition.* Rowley, Mass.: Newbury House. pp. 17-50.

Woods, D. 1991. Teachers' interpretations of second language teaching curricula. *RELC Journal* 22, 2: 1-18.

Woodward, T. 1991. *Models and Metaphors in Language Teacher Training: Loop Input and Other Strategies.* Cambridge: Cambridge University Press.

Wright, T. 1987. *Roles of Teachers and Learners.* Oxford: Oxford University Press.

Zeichner, K. 1992. Rethinking the practicum in the professional development school partnership. *Journal of Teacher Education* 43, 4: 296-307.

Zornada, I., and Bojanic, S. 1988. Strategies used by competent language learners. *Learners and Language Learning: Stage 1.* Adelaide, Australia: Languages & Multicultural Centre.

索　　引

主题索引[①]

① 编者注：主题索引所列内容绝大部分来自于英文原书索引，译者根据教学经验略有增加或删减。为方便阅读与检索，我们将该主题词在本书中首次出现的页码列在其后。

人名索引[①]

① 编者注：人名索引所列内容均来自于英文原书索引，为方便阅读与检索，我们将该人名在本书中首次出现的页码列在其后。